成渝地区双城经济圈一体化发展指数报告

2022—2023

重庆市综合经济研究院
四川省经济和社会发展研究院
四川省县域经济研究中心
编著

中国经济出版社
CHINA ECONOMIC PUBLISHING HOUSE
·北京·

图书在版编目（CIP）数据

成渝地区双城经济圈一体化发展指数报告：2022—2023／重庆市综合经济研究院，四川省经济和社会发展研究院，四川省县域经济研究中心编著. -- 北京：中国经济出版社，2024.3

ISBN 978－7－5136－7670－0

Ⅰ. ①成… Ⅱ. ①重… ②四… ③四… Ⅲ. ①区域经济一体化－区域经济发展－指数－研究报告－成都、重庆－2022－2023 Ⅳ. ① F127.711 ② F127.719

中国国家版本馆 CIP 数据核字（2024）第 047851 号

策划编辑　姜　静
责任编辑　郑　潇
责任印制　马小宾
版式设计　王　凯　马小平
封面设计　任燕飞工作室

出版发行　中国经济出版社
印 刷 者　北京富泰印刷有限责任公司
经 销 者　各地新华书店
开　　本　787mm × 1092mm　1/16
印　　张　9.75
字　　数　150 千字
版　　次　2024 年 3 月第 1 版
印　　次　2024 年 3 月第 1 次
定　　价　98.00 元
广告经营许可证　京西工商广字第 8179 号

中国经济出版社　**网址** http://epc.sinopec.com/epc/　**社址** 北京市东城区安定门外大街 58 号　**邮编** 100011
本版图书如存在印装质量问题，请与本社销售中心联系调换（联系电话：010-57512564）

CONTENTS 目录

第一部分

成渝地区双城经济圈一体化发展指数研究

课题组名单

顾　　问

易小光　重庆市综合经济研究院原院长、研究员

组　　长

丁　瑶　重庆市综合经济研究院院长、研究员

副 组 长

邓兰燕　重庆市综合经济研究院副院长、研究员

成　　员

（一）重庆市综合经济研究院

曹　亮　重庆市推动成渝地区双城经济圈建设研究中心处长

李　林　重庆市推动成渝地区双城经济圈建设研究中心副处长、研究员

夏梁颖　重庆市推动成渝地区双城经济圈建设研究中心宏观经济大数据分析实验室副主任、助理研究员

贾静涛　重庆市推动成渝地区双城经济圈建设研究中心 GIS 空间规划应用实验室主任、助理研究员

王志军　重庆市推动成渝地区双城经济圈建设研究中心 GIS 空间规划应用实验室副主任、助理研究员

邱　婧　重庆市推动成渝地区双城经济圈建设研究中心 GIS 空间规划应用实验室助理研究员

郑秋霞　重庆市推动成渝地区双城经济圈建设研究中心城市与区域发展研究室助理研究员

（二）四川省经济和社会发展研究院

罗飞龙　四川省发展和改革委员会二级巡视员、四川省经济和社会发展研究院（省节能低碳中心）党委书记、院长（主任）（兼）

杨春健　四川省经济和社会发展研究院副院长、正高级经济师

蒋玉麒　四川省经济和社会发展研究院高级经济师、主任

张玫晓　四川省经济和社会发展研究院高级经济师、所长

程　旭　四川省经济和社会发展研究院高级经济师、处长

崔绍宇　四川省经济和社会发展研究院高级经济师、所长

李太后　四川省经济和社会发展研究院高级经济师、主任

佘赛男　四川省经济和社会发展研究院高级经济师、副所长

（三）四川省县域经济研究中心

蔡益恒　四川省县域经济研究中心主任

曾洪萍　四川省县域经济研究中心副主任

张缤月　四川省县域经济研究中心副所长

徐靖丞　四川省县域经济研究中心经济师

刘丽鹃　四川省县域经济研究中心高级工程师

刘宏业　四川省县域经济研究中心经济师

齐一帆　四川省县域经济研究中心经济师

何明俊　四川省县域经济研究中心经济师

推动成渝地区双城经济圈建设是党中央交办给成渝地区的“国之大者”，充分体现了党中央在新形势下拓展回旋空间、完善区域发展布局、促进共同富裕的战略部署，充分体现了以习近平同志为核心的党中央对川渝两地的深切关怀和殷切期望，为川渝两省市把握新发展阶段、贯彻新发展理念、服务新发展格局提供了战略引领。在推动成渝地区双城经济圈建设联合办公室指导下，重庆市综合经济研究院、四川省经济和社会发展研究院、四川省县域经济研究中心联合中国联通重庆市分公司、联通数字科技有限公司、中国联通智慧足迹数据科技有限公司共同开展了成渝地区双城经济圈一体化发展指数研究工作，旨在运用数字化技术方法展现双城经济圈一体化进程效果、具象化识别问题矛盾，为下一步科学谋划一体化发展政策举措提供有力支撑。同时，以指数为载体，构建双城经济圈一体化发展共商共建平台，为实现区域一体化发展打造合作共享、互惠共赢机制。

区域一体化是一个复杂系统的动态变化过程，是区域市场高度融合、产业关联高度紧密、空间组织高度协调的一种发展形态。本部分按照《成渝地区双城经济圈建设规划纲要》部署的九大任务，构建了包含 9 项一级指标、29 项二级指标、68 项三级指标的成渝地区双城经济圈一体化发展监测体系。同时，每一个具体指标又按照指标属性分为成长性指标、一致性指标、关联性指标、观察性指标 4 类，从不同维度反映成渝地区双城经济圈一体化发展程度。

新时代新征程，成渝地区双城经济圈将牢牢把握以中国式现代化推进中华民族伟大复兴的使命任务，以推动高质量发展为主题，锚定“两中心两高地”定位目标，坚定信心，笃行不怠，高标准推动成渝地区双城经济圈建设，不断提升双城经济圈一体化发展水平和发展能级，增强改革开放动力、释放创新发展活力、提升协调发展能力、增强国际影响实力，推动实现经济“质”的有效提升和“量”的合理增长，奋力书写成渝地区双城经济圈建设新篇章。成渝地区双城经济圈一体化发展指数报告将每年面向社会进行发布，努力成为真实反映双城经济圈一体化发展水平的“温度计”“风向标”“晴雨表”，为服务地方科学决策贡献智库力量。

一、城市群一体化发展的概念内涵

（一）城市群的概念及特征

对城市群概念的研究起源于法国地理学家戈特曼（Jean Gottmann），1957年戈特曼首次提出“Megalopolis”的概念，并在随后的研究中进一步将“Megalopolis”概括为大都市区沿着特定的交通轴线集聚而成的多核心城市体系，其特征主要为城市分布密度高且拥有一个以上核心功能城市，交通基础设施网络体系完善，区域一体化水平高，人口规模在2500万人以上等。戈特曼的研究带动了其他学者开始关注“Megalopolis”现象。

国内学者从20世纪80年代开始开展相关研究。1983年，于洪俊和宁越敏首次将“Megalopolis”的思想引入中国，引起了国内学者的关注。国内学者从不同的角度分别将“Megalopolis”翻译为“（大）都市圈”“（大）都市带”“都市连绵带”等，其中姚士谋（1992）在《中国的城市群》一书中，将其翻译为“城市群”，对中国城市群进行了系统的研究，并提出了中国城市群界定的定量标准。

目前，国内关于“城市群”尚没有统一的定义。姚士谋（1992）将城市群概括为“在特定的地域范围内具有相当数量的不同性质、类型和等级规模的城市，依托一定的自然环境条件，以一个或两个特大或大城市作为地区经济的核心，借助综合运输网的通达性，发生与发展城市个体之间的内在联系，共同构成一个相对完整的城市‘集合体’”。肖金成（2021）将城市群的概念界定为“在一个特定的区域内云集相当数量、不同规模、不同类型的城市，以一个或几个都市为核心，依托便捷的交通条件，城市之间的联系越来越密切，逐渐形成的城市集合体”。方创琳等（2018）则将城市群定义为“特定地域范围内，以1个超大或特大城市为核心，由至少3个都市圈（区）或大城市为基本构成单元，依托发达的交通通信等基础设施网络，所形成的空间组织紧凑、经济联系紧密并最终实现同城化和高度一体化的城市群体”。孙久文和蒋治（2021）认为城市群是“在空间上邻近且经济联系密切的若干城市构成的网络化统一体”，并指出“城市群成‘群’的关键在于城市间要素自由流动、资源高效配置、基础设施对接、产业关联配套、公共服务均等”。张学良（2018）则关注城市群的构成形态，指出“城市群是由两个及以上规模和功能不同但联系紧密并在空间上呈现连绵的都市圈构成，都市圈是城市群的核心”。

在对城市群内涵特征的把握上，马燕坤和肖金成（2020）指出城市群的内涵包括四个方面：一是存在至少一个大都市作为城市群的核心城市；二是城市群的辐射核一般至少有两个；三是城市群内存在紧密的产业链上下游联系和市场联系；四是城市群应覆盖都市圈、大中小城市和小城镇等多种形态。戴宾（2004）则从城市群的内涵角度将其特征归纳为地域性、群聚性、中心性和联系性等。易小光等（2019）认为城市群具备两大内在特征：一是要素集聚和发展集约；二是空间网络的连接性和共生性，并从产业结构、人口空间分布、交通联通和城际关系等四个方面概况了城市群的表象特征。此外，在对城市群概念及特征的研究成果上，大量学者还开展了各个阶段的中国城市群识别研究（陈守强和黄金川，2015）。

（二）城市群一体化发展的内涵

关于城市群一体化的内涵，目前国内外学术界并没有统一的界定。丁伯根（Tinbergen，1954）认为经济一体化是通过消除经济运行中的人为阻碍，实现国际贸易完全自由的过程。巴拉萨（Balassa，1962）认为经济一体化是指完全消除商品、资本和劳动力等人为限制，是一个过程，也是一种状态。弗里德曼（Friedmann，1966）则指出区域经济一体化一般包含四个阶段：第一阶段是取消对商品流动的限制，实现贸易一体化；第二阶段是生产要素自由流动，实现要素一体化；第三阶段是区域内经济政策的协调一致，达到政策一体化；第四阶段是所有贸易、要素和政策全面统一，实现完全一体化。

相对于西方学术界，国内关于城市群一体化的研究起步较晚，主要从内生动力和特征表象等方面描述城市群一体化的内涵。孙久文等（2008）认为城市群一体化是指不同的空间经济主体之间为了生产、消费、贸易等利益的获取，产生市场一体化的过程，包括从产品市场、生产要素市场（劳动力、资本、技术、信息）到经济政策统一的逐步演化。赵勇和白永秀（2007）认为，城市群一体化是城市化和城市区域化的必然结果，其本质是区域一体化过程在城市空间形态上的表现，具备设施同城化、市场一体化、功能一体化与利益协同化的特点。冯更新（2013）认为，城市群是生产力发展、生产要素逐步优化的产物，体现为城市经济联系日益紧密，产业分工与合作、交通与社会生活、城市规划和基础设施建设相互关联，而城市群一体化则是规划、市场、基础设施、社会管理、城乡建设全面一体化。李琳和彭宇光（2017）基于静态视角，对城市群一体化做了更具体的内涵界定，认为“城市群一体化是指群内各城市间借助城际发达的交通通信等基础设施网络和群内政府间的协作，促使商品、劳动力、资金、技术、信息等要素在各城市间自由流动，以及通过群内产业部门结构和空间结构的演化，形成城市群市场高度融合、产业关联高度紧密、地域空间组织高度集中的一种状态”。李培鑫（2019）从城市的结构关系、联系关系和共享关系等角度出发，认为城市群一体化发展是指城市群内不同规模和功能的城市具有合理的空间结构和分工结构，形成密切的经济、社会、生态联系，同时共享相关资源和服务。刘修岩和梁昌一（2021）认为城市群一体化是城市群内部交通商贸互联互通、制度协作显著推进、文化融合持续强化，进而实现在基础设施、市场体系、政策措施等多方面的联通共享的过程。易小光等（2021）主要从内涵和特征角度定义区域一体化，认为区域一体化发展的基本特征包括外部相对独立与内部高度开放、设施同城化与网络交叉化、产业分工与协作合理化以及利益协同化与协调机制有效化。陆铭（2022）结合我国对统一大市场的要求，认为城市群不同城市之间的一体化，就要求在市场的准入标准、监管标准等制度方面没有差异，为商品和生产要素的自由流通提供制度保障。

从国内城市群一体化发展的实践来看，党的十八大以来，我国相继作出了京津冀协同发展、长江经济带发展、粤港澳大湾区建设、长三角一体化发展、黄河流域生态保护和高质量发展、成渝地区双城经济圈建设等重大区域发展战略部署，极大地丰富了城市群一体化发展的理论和实践成果（易小光等，2021）。其中，《长江三角洲区域一体化发展规划纲要》将长三角城市群发展目标明确为区域一体化发展，提出区域一体化发展要“深化跨区域合作，形成一体化发展市场体系，率先实现基础设施互联互通、科创产业深度融合、生态环境共保联治、公共服务普惠共享，推动区域一体化发展从项目协同走向区域一体化制度创新”。《京津冀协同发展规划纲要》明确 2030 年的发展目标是“京津冀区域一体化格局基本形成，区域经济结构更加合理，生态环境质量总体良好，公共服务水平趋于均衡，成为具有较强国际竞争力和影响力的重要区域”，提出重点在交通一体化、环保一体化和产业协作一体化等方面率先取得突破。《粤港澳大湾区发展规划纲要》重点关注提升大湾区市场一体化水平，提出要打造具有全球竞争力的营商环境，在投资便利化、贸易自由化、人员货物来往便利化等方面促进市场一体化发展。《成渝地区双城经济圈建设规划纲要》则强调，成渝地区要牢固树立一盘棋思想和一体化发展理念，“要处理好中心和区域的关系，着力提升重庆主城和成都的发展能级和综合竞争力，推动城市发展由外延扩张向内涵提升转变，以点带面、均衡发展，同周边市县形成一体化发展的都市圈”。

二、国内外城市群一体化发展指数研究综述

（一）一体化测度方法

在定量测度区域一体化发展程度时，现有研究可以归纳为三类，分别从趋同、差异和关联的角度测度一体化程度。一是基于相对价格法测度趋同程度，根据经济学理论中的“一价定律”测度一体化程度。其核心思想是，产品的价格是平衡了各种成本构成因素后达到的稳定值，当市场要素能够自由流动时，商品、要素价格应趋同，若同一种产品在两个市场的价格比超出合理区间，则表明两个市场间的差异化比较严重。Parsley 和 Wei（1996）首次创新性地采用相对价格方差法来测度地区市场一体化程度。苏剑等（2021）、李朝鲜（2020）从价格收敛的角度，基于相对价格法对全国省级层面近 20 年的一体化程度变化情况进行了评估，进而分析了全国一体化水平的变化趋势及空间结构差异。苏剑和邵宇佳（2022）通过相对价格法计算市场分割程度，基于市场分割程度来度量市场一体化水平，并研究发现按照商品市场一体化程度由低到高排列，分别是西部地区、东部地区、东北地区和中部地区。更多的学者则关注具体一个区域，杨丹丹等（2019）、刘昊和祝志勇（2020）、李旦（2020）、梅饶兰（2021）分别基于相对价格法对长江经济带、成渝地区双城经济圈、东北地区以及长三角地区的一体化进行了测度研究。二是基于差异分析方法评价区域间差异水平，即采用地区间的差异来反向反映一体化程度。关于区域差异测度方法的研究较为成熟，具体的计算方法包括基尼系数、

泰尔指数和广义熵指数等方法。潘文卿（2010）基于统计数据进行泰尔指数计算和分解，认为中国不存在全域性的 σ – 收敛，东部与中部存在收敛趋势，西部地带的收敛特征并不显著。秦彪（2012）基于泰尔指数对辽宁省辽中北地区、辽南地区、辽西地区的经济、金融发展差异以及各区域对差异的贡献度进行测算，从而给出对辽宁区域经济发展一体化程度的评估和决策提议。李林君等（2018）重点关注京津冀一体化进程中的公共服务均等性问题，基于广义熵指数对 1994—2015 年京津冀 43 个区（地级市）的公共服务一体化水平进行了测算，为正确处理京津冀一体化中的公共服务供给策略提供了政策依据。范擎宇和杨山（2021）则运用泰尔指数、空间计量模型等方法对长三角地区城镇化协调发展的空间特征及形成机理进行了研究。刘凤等（2022）以成都都市圈为例，利用熵权 TOPSIS 法与基尼系数法测度 2017—2021 年都市圈公共服务一体化综合发展水平与各维度发展差异。三是以社会网络分析法为代表的城市间关联程度评价，即以地区之间关联关系衡量一体化程度，利用空间关联模型对区域内省市或城市组成的经济网络进行分析，以此来判断各省市或地市间的市场一体化程度。该方法可以吸纳互联网大数据作为数据来源，弥补了传统统计数据及时性不够的缺点，因此近年来受到越来越多研究者的关注。方大春和牛黎光（2020）基于 2008—2017 年长三角城市群面板数据，运用社会网络分析方法测度城市中心度，建立动态面板模型，分析城市群中心性的经济效应，认为长三角城市还处在提升其中心性地位的竞争阶段，长三角城市群一体化任重道远。唐承辉和豆建民（2020）、刘和东和杨丽萍（2020）利用统计数据以及企业联系、交通客流、科技与信息联系等多元数据，基于社会网络分析对长三角的一体化程度进行测度。占金刚等（2023）基于社会网络分析法，运用修正后的引力模型计算西部陆海新通道黔桂滇川渝 42 个城市的经济联系值矩阵，研究结果显示西部陆海新通道城市经济一体化程度不高，但有加深趋势。

（二）一体化评价体系构建

不同城市群、不同经济区域存在体制机制、资源禀赋、发展阶段等各方面的差异，因此，构建一种统一、通用的一体化评价体系来描绘不同城市群的一体化程度是不现实的，研究者们在构建一体化发展指数方面做了大量工作，构建思路主要分为两大类：一是侧重某一个方面的一体化进度，以相关经济学理论为支撑，构建单一指数，比如赵三武和钱雪亚（2014）、赵金丽等（2017）都将劳动力市场作为区域一体化测度的重要研究点，构建劳动力市场的一体化发展指数。二是考虑一体化评估的复杂性，基于层次分析法、主成分分析法等方法，构建多层级、多主题的指标评价体系。其中，该方法按照指标构建依据不同又可分为两类：第一类以经济学理论为依据，将一体化的内容分为若干方面，作为指标体系的一级指数，通常这些一级指数涵盖了基础设施、生产要素、创新、产业、生态环境、行政（体制机制）等多个方面（张军，2011；李雪松和孙博文，2013；吕典玮和张琦，2010）。第二类在以国家重大区域战略相关城市群为研究对象时，以国家重大发展理念、国家发布的重大区域规划纲要等重要政策性文件为指引，构建一体化发展指数的框架结构，这一方法以城市群发展规划、发展目标为导向，既有利于开展实证研究，又能更好地指导实践工作。

在实践中，京津冀、长三角和粤港澳作为我国发展较为成熟、规模较大的城市群经济区域，吸引了众多学者以之为对象开展一体化评价相关研究工作。同时，由于数据的可获取性等客观原因，京津冀和长三角一体化评价研究相对更加完善。2016 年，国家统计局、北京市统计局和中国社会科学院京津冀协同发展智库联合研究建立了“京津冀区域发展指数”①，并每年动态发布。该指数基于“创新、协调、绿色、开放、共享”五大发展理念构建了包括 5 个一级指标、18 个二级指标和 48 个三级指标的京津冀区域发展评价指

① 参见京津冀区域发展指数，http：//www.stats.gov.cn/tjsj/zxfb/202112/t20211220_1825499.html。

标体系，三级指标以描述具体某一领域的发展程度为主，分为正向指标和逆向指标，通过标准化处理后，最后根据专家打分的权重计算一级指标。随后，中国社会科学院京津冀协同发展智库京津冀协同发展指数课题组（2020）也开展了类似研究工作，以五大发展理念构建了包含25个三级指标的“京津冀协同发展指数”体系。2019年《长江三角洲区域一体化发展规划纲要》正式印发后，国家统计局组织开展了长三角一体化发展统计监测工作，并基于习近平总书记关于长三角一体化发展的重要讲话指示批示精神和《长江三角洲区域一体化发展规划纲要》关于长三角区域“一极三区一高地”的战略定位，建立了《长三角一体化发展统计监测体系》（2023年）。除此之外，较多高校、科研院所和民间团体也积极投入长三角地区的一体化评价研究当中，如新华社中国经济信息社和中国城市规划设计研究院联合研发的“长三角一体化发展指数”①，围绕“多元人口流动、产业创新合作、设施互联互通、民生服务共享、生态环境共保”五大维度构建了评价体系；浙江大学则依据习近平总书记关于“紧扣‘一体化’和‘高质量’两个关键词”的重要精神，研究了“长三角高质量一体化发展指数”②，包括开放一体化、创新一体化、制度一体化、生态一体化、福利一体化五大维度；领导决策信息智库提出的“长三角区域一体化发展指数”③以《长江三角洲区域一体化发展规划纲要》为蓝本，以其中的七大任务一一对应为指标体系的7个分指数，为一体化评价体系的研究提供了另外一种思路。以上研究成果对我们开展成渝地区双城经济圈一体化发展指数研究具有重要的参考、借鉴意义。

① 长三角一体化发展指数发布，https：//www.cnfin.com/zs-lb/detail/20211122/3462374_1.html。

② 浙大团队发布长三角高质量一体化发展指数，http：//www.news.zju.edu.cn/2020/1214/c775a2231165/page.htm。

③ 参见“领导决策信息智库”微信公众号。

三、成渝地区双城经济圈一体化发展概述

（一）一体化发展内涵

《成渝地区双城经济圈建设规划纲要》指出，要“加强顶层设计和统筹协调，牢固树立一体化发展理念，唱好‘双城记’，共建经济圈”，并明确提出“到2025年，成渝地区双城经济圈经济实力、发展活力、国际影响力大幅提升，一体化发展水平明显提高”的发展目标。推动成渝地区双城经济圈一体化发展，是一项长期的系统工程，不能一蹴而就，必须瞄准方向、保持定力、一以贯之、久久为功。要强化顶层设计，以体制机制创新为主题，以协调共进共赢为主线，以绿色共保为底色，以开放合作为抓手，以民生共享为目标，加快提升一体化发展水平，彰显区域发展特色，支撑全国高质量发展。

一是以体制机制创新为主题。体制机制创新是成渝地区双城经济圈一体化发展行稳致远的基础和前提。需要正确发挥政府在顶层设计、机制创新、规划一体、城乡区域融合等领域的重要作用，加快建立更加有效、更加高效的一体化体制机制。需要加快推动成渝两地多层面规划有机融合，逐步消除行政壁垒，促进资源要素自由有序流动，建设统一开放的市场体系。需要通过打破行政壁垒，不断降低制度性交易成本，营造高水平营商环境。需要推动科技协同创新，构建一体化创新机制，打造区域创新共同体，推动区域全面系统创新。

二是以协调共进共赢为主线。着眼于一盘棋谋划、一体化发展，进一步发

挥重庆和成都两大国家中心城市“双核”引领带动和集聚辐射作用，川东片区、重庆主城新区和渝东北、渝东南等区域各扬所长、一体部署、协同推进，深化城乡融合、区域融合、生产生活生态融合发展和跨区域多领域的全面合作，提升区域综合发展实力和整体竞争力，加快构筑分工合理、优势互补、各具特色的协调发展新格局，为全国推动区域协调发展探索新路径。

三是以绿色共保为底色。成渝地区地处长江上游，对长江中下游地区生态安全具有不可替代的屏障作用，对维护国家生态安全至关重要。围绕共建长江上游重要生态屏障，深入践行“绿水青山就是金山银山”的理念，坚定贯彻“山水林田湖草是生命共同体”的思想，充分发挥其在长江上游生态保护、江城和山地特色城镇建设、生态产业体系建设上的示范作用，协同推进生态环境共保联治，形成绿色低碳循环的生产生活方式，共同打造绿色发展底色，为打造长江上游重要生态屏障、确保国家生态安全提供强大支撑。

四是以开放合作为抓手。当今世界正处于大发展大变革大调整时期，世界经济格局和秩序加速演变。我国必须于变局中开新局，加快塑造以国内大循环为主体、国内国际双循环相互促进的新发展格局。要围绕共建“一带一路”、西部陆海新通道建设，在开放中寻求合作，在合作中实现共赢。要打造具有较高水平的开放合作平台，深入对接和融入国际通行的投资贸易规则，不断培育国际合作和竞争新优势，构建开放发展新体制，建设内陆改革开放新高地。

五是以民生共享为目标。人民立场是党的根本立场，为人民谋幸福是党的根本使命，坚持全心全意为人民服务是党的根本宗旨，保障和改善民生是具体体现。成渝地区双城经济圈建设使命，就是要始终着眼于实现好、维护好、发展好最广大人民的根本利益。要以民生共享为目标，围绕促进高品质生活，不断增加优质公共服务供给，优化资源空间配置，完善优质公共服务共享体制机制，扩大服务共享范围和设施共建领域，使人民能够更好地共享改革开放成果，让成渝地区双城经济圈居民在一体化发展中有更多获得感、幸福感、安全感，建设高品质生活宜居地。

（二）一体化发展评价

与长三角等更为成熟发达的城市群相比，成渝地区双城经济圈一体化发展还处于起步阶段，关于一体化评价的研究工作开展得也相对较少，目前大多仅集中在川渝两地间建立协同机制、开展合作交流活动等方面。基于此，成渝地区双城经济圈一体化发展指数在研发过程中，着重聚焦以下几个方面，探索开展双城经济圈一体化发展评价研究：一是紧扣规划纲要要求。成渝地区双城经济圈一体化发展指数研究以《成渝地区双城经济圈建设规划纲要》（以下简称《规划纲要》）为根本遵循和重要指引，充分围绕《规划纲要》中部署的九大任务及具体要求，构建一体化发展评价指标体系主体框架。二是拓展评价思路。指数结合对一体化发展过程中"一体化"和"高质量"的发展缺一不可的目标和内涵认识，突破了低水平、平均化等对"一体化发展"认识的局限性，创新性提出将指标分为成长性指标、一致性指标、关联性指标、观察性指标，有利于多维度测度成渝地区双城经济圈一体化发展。三是丰富研究方法。积极探索引入大数据、GIS分析等先进技术方法对跨时间、跨地域范围的大量数据进行采集治理，有效结合经济统计数据、行业统计数据、政务数据、互联网大数据等数据资源，构建客观监测、科学量化的综合性评价体系。为助力双城经济圈完成"一体化发展水平明显提高"目标要求提供简捷有效的决策工具，也为其他区域开展推进一体化建设工作提供参考。

四、成渝地区双城经济圈一体化发展指数研究框架

（一）总体思路

2021 年 10 月，中共中央、国务院印发《成渝地区双城经济圈建设规划纲要》，成渝地区发展上升为国家战略。按照《规划纲要》，川渝两省市必须牢固树立一体化发展理念，合力打造区域协作的高水平样板，加快提升一体化发展水平，推动成渝地区形成有实力、有特色的双城经济圈，打造带动全国高质量发展的重要增长极和新的动力源。深入领会党中央决策意图、全面对接《规划纲要》目标任务，科学评判发展现状水平、精准甄别问题矛盾制约、超前设计应对政策举措，是加快推动成渝地区双城经济圈一体化发展的首要任务。因此，在系统比对、全面梳理京津冀、长三角、粤港澳以及国际区域一体化发展趋势、指标设计和经验做法的基础上，以《规划纲要》为蓝本，围绕《规划纲要》中部署的九大任务，形成以成渝地区双城经济圈一体化发展指数为总指数，包含区域经济协调发展指数、基础设施互联互通指数、现代产业协同发展指数、科技创新共建共享指数、文化旅游融合联动指数、生态环境共保联治指数、改革开放协同推进指数、推动城乡融合发展指数、公共服务便利共享指数等 9 项一级指标的测度体系（见图 1–4–1）。

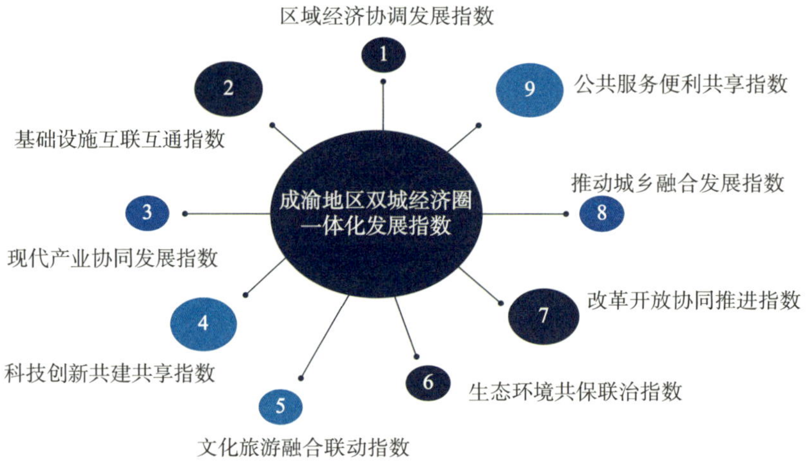

图 1-4-1　成渝地区双城经济圈一体化发展指数框架

（二）基本原则

为了有效反映成渝地区双城经济圈一体化发展水平及变化情况，在一体化指数构建过程中，指标体系的建立和指标的筛选应遵循以下原则。

1. 科学性与有效性原则

指标的选取紧密结合《规划纲要》中提出的主要任务，要符合成渝地区双城经济圈一体化发展内涵，能够充分发挥指标对双城经济圈一体化发展的跟踪监测作用，有效反映一体化发展程度，指数结果可以为双城经济圈一体化推动工作提供有效的决策支持。

2. 系统性与层次性原则

指标体系要能够从不同维度反映双城经济圈一体化发展的主要特征和变化情况，各指标的层次结构应清晰明确。同时，指标评价体系还要反映出各层次之间的内在联系，构建形成系统、完整、统一的指标评价体系，提高一体化指数的综合评价能力。

3. 针对性与可操作性原则

指标体系在设计过程中，应围绕成渝地区双城经济圈一体化发展过程中存在的主要矛盾，选择适当的靶向性指标，确保评价结果能够对双城经济圈一体化发展提出具有针对性的反馈和建议。同时，指标选取时还要考虑指标数据的可得性和可量化性，评估方法要切实可行。

（三）指标体系

依据指数设计思路，成渝地区双城经济圈一体化发展指数评价指标体系包含 9 项一级指标、29 项二级指标和 68 项三级指标。其中，一级指标聚焦《规划纲要》中的九大重点任务，从区域经济协调发展等 9 个维度衡量成渝地区双城经济圈一体化发展基本特征；二级指标基于《规划纲要》每项重点任务文本进一步解构展开；三级指标围绕评估内容和目标，结合数据的可得性、可量化性，选择适当的靶向性指标，确保评价指标可以充分发挥对双城经济圈一体化发展的跟踪监测作用，有效评估一体化发展进程和成效，甄别具体问题，提出对策建议。

经过多轮专家评议，最终确定形成了成渝地区双城经济圈一体化发展指数评价指标体系（见表 1-4-1）。

表 1-4-1　成渝地区双城经济圈一体化发展指数评价指标体系

一级指标	二级指标	三级指标	指标类型	指标范围
区域经济协调发展	经济发展能级	经济总量占全国比重	成长性指标	双城经济圈
		人均 GDP 与全国之比	成长性指标	双城经济圈
		全员劳动生产率与全国之比	成长性指标	川渝
	要素资源引力	常住人口数与户籍人口数之比	成长性指标	双城经济圈
		社会融资总量占全国比重	成长性指标	川渝
		社会物流总额占全国比重	成长性指标	川渝
	区域协调联动	川渝间人口流动频率	关联性指标	川渝
		川渝企业跨省投资资金规模	关联性指标	川渝
		川渝间经国家铁路货物交流数量	关联性指标	川渝

续表

一级指标	二级指标	三级指标	指标类型	指标范围
基础设施互联互通	共建成渝世界级机场群	开通国际国内航线数量	成长性指标	成渝
		航空客货运输服务水平	成长性指标	成渝
	合建轨道上的双城经济圈	轨道交通路网密度	成长性指标	川渝
		成渝动车高铁日均开行列车数量	关联性指标	成渝
	完善双城经济圈公路网络	川渝高速公路密度	成长性指标	川渝
		川渝间建成投用的高速公路通道数量	关联性指标	川渝
	联建长江上游航运枢纽	川渝间水水中转航线数量	关联性指标	川渝
		川渝间集装箱铁水联运和水水中转标准箱量	关联性指标	川渝
现代产业协同发展	优势产业集群联建	电子信息、汽车优势产业集群区位熵	成长性指标	川渝
		数字经济核心产业增加值占 GDP 比重	成长性指标	川渝
		金融业增加值占西部地区比重	成长性指标	川渝
	优质企业协同培育	国家级“专精特新”企业数量占全国比重	成长性指标	川渝
		国家级高新技术企业数量占全国比重	成长性指标	川渝
	区域产业错位发展	川渝产业结构差异系数	一致性指标	川渝
		川渝制造业区域分工指数	一致性指标	川渝
科技创新共建共享	共建科技创新中心	R&D 经费支出占地区生产总值比重	成长性指标	川渝
		川渝共建重点实验室数量	关联性指标	川渝
	共享科技创新资源	川渝联合实施重点研发项目数量	关联性指标	川渝
		川渝科技资源共享服务平台大型仪器价值	关联性指标	川渝
	协同提升创新能力	川渝联合共同发表科技论文数量	关联性指标	川渝
		川渝跨省联合申报专利数占两地申报专利数比重	关联性指标	川渝
	共促成果转移转化	川渝间专利转移数量	关联性指标	川渝
		川渝技术交易额占全国比重	成长性指标	川渝
文化旅游融合联动	打造国际消费中心城市	社会消费品零售总额占全国比重	成长性指标	双城经济圈
		川渝线下商圈消费热度指数	成长性指标	川渝
	共建巴蜀文化旅游走廊	川渝 A 级旅游景区数量	成长性指标	川渝
		川渝旅行社接待国内游客人次	成长性指标	川渝
	深化文旅交流合作	川渝居民跨省商圈消费人次	关联性指标	川渝
		川渝居民间跨省旅游人次	关联性指标	川渝
生态环境共保联治	生态共建共保	建立环境监测一体化合作机制	观察性指标	川渝
		川渝空气质量优良天数占比	成长性指标	川渝
		川渝废气中主要污染物排放量	成长性指标	川渝
		跨界河流国控断面水质达标率	关联性指标	川渝
	污染协同治理	建立环境污染跨区域联合执法机制	观察性指标	川渝
		川渝城市生活垃圾无害化处理能力提升	成长性指标	川渝
		川渝一般工业固体废物综合利用率	成长性指标	川渝
		川渝城市污水处理率	成长性指标	川渝

续表

一级指标	二级指标	三级指标	指标类型	指标范围
改革开放协同推进	提升对外开放水平	进出口总额占全国比重	成长性指标	川渝
		实际利用外商直接投资额占全国比重	成长性指标	川渝
	共建对外开放通道	川渝对“一带一路”沿线国家进出口总额占全国比重	成长性指标	川渝
		西部陆海新通道川渝总运量	成长性指标	川渝
		中欧班列（成渝）开行列数	关联性指标	川渝
	共建统一大市场	川渝物价水平差异系数	一致性指标	川渝
		川渝二手房交易价格差异系数	一致性指标	川渝
		川渝人工成本差异系数	一致性指标	川渝
		川渝公路物流运价差异系数	一致性指标	川渝
	经济区与行政区适度分离改革机制建设	建立统计分算、税收分成利益分享机制	观察性指标	川渝
		协同制定地方标准	观察性指标	川渝
推动城乡融合发展	城乡经济融合	城乡人均消费支出差异系数	一致性指标	川渝
		城乡发展型消费支出比重差异系数	一致性指标	川渝
	城乡社会融合	城乡居民收入分配差异系数	一致性指标	川渝
		城乡就业结构差异系数	一致性指标	川渝
	城乡空间融合	双城经济圈两大中心城市以外城市 GDP 占双城经济圈比重	成长性指标	双城经济圈
		川渝常住人口城镇化率	成长性指标	川渝
公共服务便利共享	公共服务标准化便利化	政务服务“川渝通办”事项数	关联性指标	川渝
		累计办理住房公积金川渝跨省异地转移接续数量	关联性指标	川渝
	公共服务资源共享	川渝公共交通“一卡通”发放数量	关联性指标	川渝
		川渝住院费用跨省异地就医直接结算率	关联性指标	川渝
	居民公共服务满意度	川渝公共服务便利共享群众满意度评价	成长性指标	川渝

整体来看，从一体化发展内涵和要求出发，创新性地提出从成长性、一致性、关联性、观察性 4 个维度来进行综合测度。其中，成长性指标主要衡量双城经济圈在全国经济发展格局中的能级和水平，体现区域发展规模效应。成长性指标一般为正向指标，指标值越高，表明成渝地区双城经济圈该领域的发展能级和水平越高，在区域乃至全国的带头带动地位越高且作用越大。一致性指标主要反映双城经济圈区域发展差异和差距，通过逐步破除行政壁垒

在缩小发展差距、促进要素流动、构建统一市场上的进程表征。一致性指标一般为负向指标，通常会在进行正向化处理之后再纳入指标合成当中。关联性指标主要是测度双城经济圈内部经济社会联系紧密度、协同合作发展程度等，体现一体化发展进程。关联性指标评价方法与成长性指标类似，一般为正向指标，指标值越高，代表双城经济圈发展的互动性越强，内部联系紧密度越高。观察性指标主要用于刻画双城经济圈一体化体制机制构建情况，鉴于这类指标目前还未建立科学有效的统计量化方法，本次评估中先以定性指标进行评价，以提高评估结果的全面性，待后期评价方法成熟后再适时纳入（见图 1-4-2）。

图 1-4-2　成渝地区双城经济圈一体化发展指数的 4 个指标维度

（四）评估方法

1. 指标测算方法

（1）指数基期

成渝地区双城经济圈一体化发展指数紧密围绕《规划纲要》主要内容要求进行构建，由于本次研究中选取的较多指标数据尤其是关联性指标数据属于首次获取，且发布或追溯时间在2020年，因此，指数以成渝地区双城经济圈建设的第1年，即2020年的数值为基期，基准值为100点。

（2）数据标准化处理

与《京津冀协同发展指数报告》《长三角一体化发展指数报告》等研究中的标准化处理方法一致，以基期进行标准化去量纲处理。

①成长性指标计算

设 y_t 为历年指标的测算值，y_{2020} 为2020年指标的测算值，p_t 为标准化后的指标值。则计算得到该指标的最终值为：

$$p_t = \frac{y_t}{y_{2020}}$$

②一致性指标计算

一致性指标主要考察成渝两地在某方面发展的差异情况，在计算过程中，先计算两地测算值间的差异系数 v_t，设 y_{t1} 和 y_{t2} 分别为 t 年度两地的测算值，$\overline{y}_t$ 为两地测算值的平均值，则差异系数 v_t 为：

$$v_t = \frac{\sqrt{((y_{t1} - \overline{y}_t)^2 + (y_{t2} - \overline{y}_t)^2) / 2}}{\overline{y}_t}$$

对于逆向性的一致性指标，还需要再对其进行正向标准化处理：

$$p_{\mathrm{t}} = \frac{1}{v_t / v_{2020}}$$

③关联性指标计算

关联性指标主要评估区域间各类合作往来的密切程度，为正向指标，计算方法与成长性指标相同：

$$p_t = \frac{y_t}{y_{2020}}$$

2. 指数合成

（1）权重确定

成渝地区双城经济圈一体化发展指数评价指标体系权重设定采用层次分析法（AHP 算法）。经专家组研究讨论，对针对《规划纲要》中的九大任务设置的 9 项指数赋予均等的权重，同时，对每项指数下设的二三级指标，采取同一层次指标等权重赋权的方式[①]。

（2）指数合成

成渝地区双城经济圈一体化发展指数合成具体算法为加权算数平均方法，即按照指标体系构建层次，根据权重对标准化处理后得到的指标值进行逐级合成，最终形成总指数。

$$S=\sum p_i \times w_i$$

其中，p_i 为第 i 个指标的指标值，w_i 为第 i 个指标的权重，分别计算各项指标的加权得分值后再进行加总，最终得到各级综合指数值。

① 结合层次分析法判断矩阵一致性要求及专家意见，对部分指标权重进行微调，即 4 项手机信令大数据原权重减少 1/2，与其同一层次的其他指标权重相应均量增加。

五、成渝地区双城经济圈一体化发展指数结果分析

（一）总体情况

1. 发展趋势

2022 年以来，在党中央、国务院坚强领导下，川渝两地认真贯彻落实党的二十大精神，始终心怀“国之大者”，深入学习习近平总书记关于成渝地区双城经济圈建设的重要指示批示精神，尤其是 2023 年初，重庆市明确把双城经济圈建设作为市委“一号工程”和全市工作总抓手总牵引，四川省坚持把双城经济圈建设作为现代化建设总牵引，川渝两地以“一盘棋”“一体化”的高度自觉协同推动国家战略落地落实，聚焦“一体化”和“高质量”两个关键，更好统筹国内国际两个大局，更好统筹发展与安全，推动经济持续恢复，双城经济圈回升向好的态势更趋明显，经济实力、发展活力、国际影响力持续增强，服务国家区域发展大局、内陆改革开放大局、长江经济带绿色发展大局、促进共同富裕大局的能力稳步提升。

2022 年，双城经济圈一体化发展指数 68 个指标中有 40 个指标实现正增长，带动总指数达到 113.2，较上年增长 6.1 个点，高质量一体化发展展现出很强的韧性与活力（见图 1–5–1）。2023 年，随着新时代西部大开发、长江经济带高质量发展、西部陆海新通道建设等国家重大战略和“一带一路”倡议

向纵深推进，双城经济圈重大规划相继落地实施，重大改革不断深化，重大平台持续赋能，重大项目滚动接续，双城经济圈基础设施、现代产业、科技创新、公共服务共建共享水平将进一步提升，一体化发展动能将更加强劲。预计到2023年，双城经济圈一体化指数仍保持快速增长态势，指数得分有望突破120。

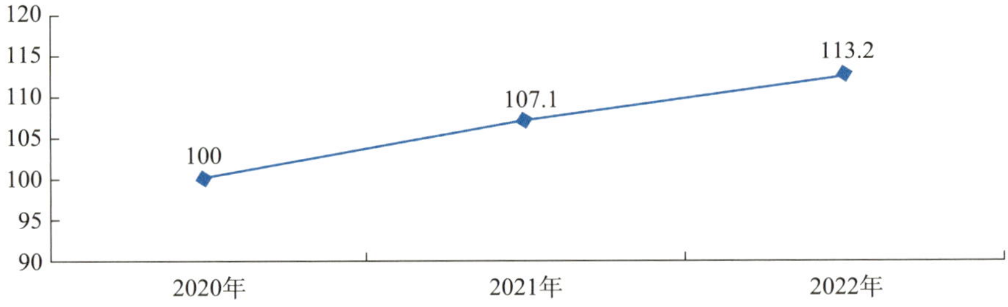

图 1-5-1　2020—2022 年双城经济圈一体化发展指数变化情况

分指标类型看，68 项指标中一致性、成长性两类指标增长态势较好，关联性、观察性两类指标亮点较多。一致性指标正增长数量提升幅度最大。2022 年，10 个一致性指标中有 9 个实现正增长，占一致性指标总数的 90%，较 2021 年提高 60 个百分点；占正增长指标总数的 22.5%，较 2021 年提高 14.6 个百分点，无论是城乡消费水平，还是川渝物流、人工等要素成本，抑或物价水平差异都逐步缩小，正朝着更加均衡的方向发展。成长性指标正增长数量基本保持稳定。33 个成长性指标中有 20 个实现正增长，占成长性指标总数的 60.6%，占正增长指标总数的 50%，与 2021 年基本持平，表明尽管受经济下行、疫情反复制约较大，双城经济圈仍然保持了良好的发展势头，区域影响力稳中有升。关联性指标正增长数量有所下降但贡献增大。21 个关联性指标中有 11 个实现正增长，占关联性指标总数的 52.4%，占正增长指标总数的 27.5%，尽管正增长指标数量有所减少，但在川渝住房公积金异地转移、公共交通"一卡通"发放、联合研发项目实施、跨省投资等关联事项大幅增长带动下，两地联系度更加紧密。观察性指标涉及的体制机制改革成果更趋丰富。川渝两地积极推进跨界水体环境治理，先后建立了环境监测一体化合作机制、环境污染跨区域联合执法机制。协同制定地方标准，联合发布《公共信息资源标识规范》《智慧高速公路》等地方标准，促进川渝两地标准共建共享、互认互通。行政区与经济区分离改革深入推进，跨区域投资成本共担、利益共享机制不断创新，税费政策、税费征管、纳税服务一体化不断实现新突破。

分领域来看，9 个分指数中有 8 个实现正增长，成为拉动总指数增长的主要动力。公共服务便利共享指数增长最快。随着双城经济圈便捷生活行动、“川渝通办”政务服务等事项深入推进，公共服务便利化水平不断提升，该指数增长至 137.8，较上年增长 24.9 个点。科技创新共建共享指数增长强劲。在成渝综合性科学中心、西部科学城、重庆两江协同创新区、中国（绵阳）科技城等重大平台加快建设的带动下，科技创新共建共享水平不断提升，该指数 2022 年为 135.3，较上年增长 18.5 个点。推动城乡融合发展指数增长较快。双城经济圈大中小城市协调发展格局不断优化，常住人口城镇化率持续提高，川渝两地城乡居民收入、就业、人均消费、消费结构等差异也不断缩小，城乡空间、经济、社会融合度有所提高，该指数 2022 年为 108.8，较上年增长 11.5 个点。改革开放协同推进指数保持上升势头。以共建“一带一路”为引领，成渝地区双城经济圈共同推进对外开放大通道建设，共同构建区域统一大市场，物流成本、要素价格差异有所缩小，尽管受贸易争端、疫情反复等因素影响，进出口贸易和实际利用外资在全国的比重有所回落，但总体仍保持了上升势头，该指数 2022 年为 109.2，较上年增长 6.2 个点。现代产业协同发展指数稳中有升。国家级“专精特新”企业、高新技术企业等优质企业协同培育取得积极成效，川渝两地占全国的比重大幅提高，产业结构和产业分工逐步优化，数字经济核心产业加快发展，电子信息、汽车等优势产业也克服了全球需求下降等不利因素影响基本保持稳定，该指数 2022 年为 104.9，较上年增长 5.7 个点。生态环境共保联治指数稳中有升。生态共建共保、污染协同治理等各项工作有序推进，川渝城市生活垃圾无害化处理能力、一般工业固体废物综合利用率明显提升，废气中主要污染物排放下降明显，空气质量优良天数、城市污水处理水平基本稳定，该指数2022年为111.1，较上年增长4.6个点。基础设施互联互通指数稳中有升。在共建成渝世界级机场群、合建轨道上的双城经济圈、完善双城经济圈公路网络、联建长江上游航运枢纽等重大项目带动下，川渝航空客货运输能力、动车高铁日均开行列车数量、高速公路密度等都实现较快增长，但川渝间集装箱铁水联运和水水中转标准箱量有所回落，该指数2022年为118，较上年增长3.5个点。区域经济协调发展指数保持平稳。随着内陆国际物流枢纽和口岸高地、西部金融中心、中西部国际交往中心等重大功能平台加快建设，川渝对人口、资金、物流等要素资源的集聚与吸引能力有所提升，区域间要素资源联系紧密度也有所增强，该指数2022年为105.2，较上年增长1.8个点。文化旅游融合联动指数有所回落。受疫情反复等因素影响，川渝线下商圈消费热度、旅行社接待国内游客人次以及川渝商圈、景区之间游客互输互送都出现大幅回落，该指数2022年为88.5，较上年下降21.7个点（见图1-5-2）。

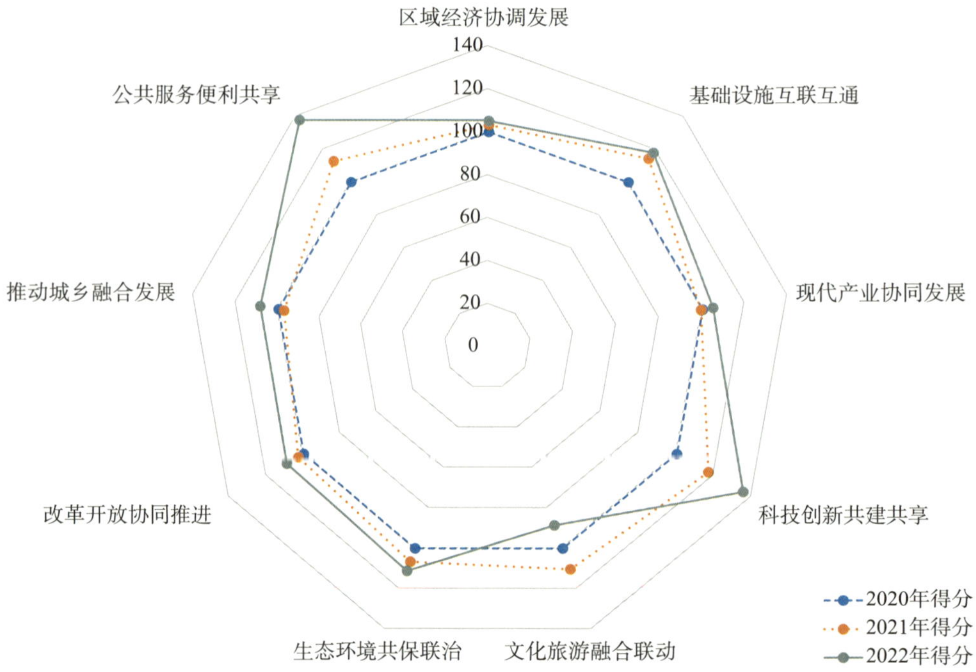

图1-5-2　2020—2022年双城经济圈一体化发展指数9项一级指标变化情况

2. 2020—2023 年发展亮点

三年多来，川渝两省市始终坚持“一盘棋”思维、“一体化”理念，切实深化合作、健全机制，总结了 18 条跨区域协作经验做法并于 2023 年首次在全国复制推广，是继长三角一体化发展、粤港澳大湾区建设之后区域协调发展有关经验做法的再次推广。

促进产业共建共兴。协同构建现代产业体系，联手开展招商引资，推动数字化赋能产业发展，发展韧性不断增强。一是推动优势产业链共建。联合出台汽车、电子信息、装备制造、特色消费品 4 个领域高质量协同共建实施方案。成渝地区电子信息先进制造业集群成为全国首个入选的跨省域国家级先进制造业集群，2022 年规模达到 1.68 万亿元，占全国比重达到 10.9%，成为中国大陆第三、全球前十的电子信息制造业聚集地。2023 年 1—6 月，成渝地区电子信息先进制造业集群实现营业收入超过 7400 亿元。高效推进汽车产业链供应链线上对接平台协同，汇聚川渝两地整车及零部件企业突破 5700 家，促成合作企业 400 余家。建成全国首座高速公路重卡充换电一体站，成渝两地高速公路充换电基础设施覆盖率在 80% 以上。2022 年，川渝生产汽车 318 万辆，2023 年 1—6 月，重庆、四川造新能源汽车产量分别为 15.2 万辆、4.9 万辆，均呈强劲增长势头。二是共建产业合作发展平台。共同打造 10 个毗邻地区功能平台，联合创建 35 个产业合作示范园区、3 个现代高效特色农业带合作示范园区，共促产业融合。2023 年 1—6 月，川渝两地 35 家合作示范园区实现营业收入超过 9703 亿元，合作企业对园区营业收入贡献率达到 22%。协同打造成渝地区工业互联网一体化发展国家示范区，国家顶级节点（成都托管与灾备节点）正式启动运营，与重庆共同形成“一顶一备”的标识战略生态，工业互联网标识解析顶级节点接入二级节点 45 个，节点标识注册量、解析量增速均居全国第一[①]。三是共建联合招商机制。两省市联合举办两届全球

① 注册量超过 250 亿个，累计解析量超过 205 亿次，接入企业节点 2.2 万余家。

投资推介会，吸引230余家中外知名企业参会。发布“双城双百”投资机会清单和成渝地区双城经济圈协同招商十条措施，建立协同招商定期联席会议制度和协调联络工作制度，互邀参加智博会、西博会、西洽会等重要展会活动。2020年以来，西洽会、智博会累计签约四川项目13个、合同投资额224亿元，西博会签约重庆项目46个、合同投资额超过300亿元。

深化重点领域改革。大力推进更深层次改革，重点领域和关键环节改革不断取得新突破。一是探索经济区与行政区适度分离改革。川渝高竹新区作为全国首个跨省共建的省级新区，探索构建“小管委会+大公司”运行管理模式，成立全国首个跨省税费征管服务中心，试行建设用地指标、收储和出让统一管理机制，探索互利共赢的税收分享机制、税收征管一体化机制，实现税费征管组织、政策、执法、服务、监管、事务等6个一体化。二是推进市场准入“异地同标”。统一经营主体登记身份实名认证，统一名称自主申报字词库、申报名称适用规则标准，统一经营范围规范化表述，构建营业执照“异地互发”服务平台，实现营业执照异地互办互发、立等可取。2021年以来，累计有75047个市场主体往来川渝兴办企业。三是实现企业跨省市“一键迁移”。联合印发企业跨省市迁移操作规程，推行“直接迁移、即时办结、信息流转”迁移登记模式，实现企业通过电子税务局申请跨省市线上迁移，迁移后纳税信用级别、开票限额、留抵退税、实名办税信息等征管数据可全面继承沿用，办理时间压减5~10个工作日，实现企业跨省迁移“即时办”“零跑路”。四是共建跨省公平竞争审查协作机制。建立公平竞争审查第三方评估交叉互评机制，统一评估方法、评估原则、评估内容，互通裁量标准、互相取长补短、互认评估结果。2020年以来，川渝两地组织开展了重庆大足、北碚、万州、黔江与四川内江、绵阳、达州、南充公平竞争审查第三方交叉互评，共评估政策措施466件，发现并纠正妨碍公平竞争的43件政策措施。

协同推动对外开放。协同推进“硬联通”和“软联通”，内陆开放水平不断提升。一是统一运营中欧班列（成渝）品牌。共创全国首个中欧班列合作品牌“中欧班列（成渝）”，实现运营标识、基础运价、车辆调度“三统一”。统一品牌以来，中欧班列（成渝）累计开行近1.4万列，占全国中欧班列开行总量的近30%，开行班列数、货值两项数据均居全国第一。二是协同共建西部陆海新通道。建设“13+2”共建共享运营组织平台，共同打造集散分拨中心、贸产服务平台，打通“生产地”直通“消费地”供应链条，由单一的“沿海港口集散分拨”调整为兼顾“内陆腹地分拨”的多元化模式。2022年，成渝地区经西部陆海新通道铁海联运班列开行3992列、运输量突破20万标准箱、货值突破290亿元，分别占沿线总量的60.7%、43.6%、61.0%。三是推进跨省市“关银一KEY通”。川渝自由贸易试验区协同开放示范区加快建设，创新推出“关银一KEY通”，在全国首次实现了“电子口岸卡”业务跨关区通办，川渝两地已设置39个受理点，服务企业1万余家，单次业务办理费用节约近1000元、时长压缩2/3以上，降本成效显著，实现“数据多跑路，企业少跑腿”。

深化生态环境共治。协同开展流域等生态环境保护与治理，做好污染防治，共保共治机制不断健全。一是开展跨界河流联防联控联治。在全国首创跨省河长制联合推进办公室并实行实体化办公，联合绘制川渝跨界河流水系图，编制实施“一河一策”保护方案，建立跨界河流联合巡查、联合执法、信息共享等10项合作机制，获评“全国基层治水十大经验”。启动琼江全国示范河湖建设，推动琼江流域统一规划、统一治理、统一调度和统一管理，变“分段治”为“全域治”、“分片治”为“整体治”，河湖常年保持Ⅲ类以上。二是开展生态环境协同立法司法协作。聚焦嘉陵江流域水生态环境保护开展协同立法，联合印发《关于加强嘉陵江流域水生态环境协同保护的决定》《嘉陵江流域生态环境保护条例》。设立川渝环境资源司法协作巡回法庭，开展跨区域案件巡回审判，共建了“大三峡·大巴山”生态修复司法实践基地、长江上游珍稀特有鱼类国家级自然保护区川渝司法协作生态保护基地。三是共建危险废物跨省市转移“白名单”制度。在全国率先建立危险废物跨省市转移“白名单”制度，转移范围从川渝两省市拓展到滇黔川渝湘豫等六省市，类别由最初的废铅蓄电池等3类危险废物拓展到59种，被纳入国务院办公厅印发的《强化危险废物监管和利用处置能力改革实施方案》，成为全国示范样板。四是联合开展碳达峰碳中和行动。联合印发全国首个区域碳达峰碳中和联合行动方案，协同建设川渝天然气（页岩气）千亿立方米级产能基地，争创国家氢燃料电池汽车示范城市群，搭建碳中和联合服务平台，截至2023年9月，重庆、四川碳排放权交易分别累计成交4586万吨、3734.4万吨，交易金额分别为10.1亿元、13.5亿元。

推动社会共建互融。立足川渝两地群众需求，持续提高公共服务共建共享水平。一是推进政务“川渝通办”。截至2023年9月，联合发布3批311项“川渝通办”事项，累计办件量达到1500万件，开设线上服务专区和线下“川渝通办”专窗，实现一站式服务。协同开展全国首批灵活就业人员住房公积金试点。推动居民身份证等34类电子证照互认共享，推动小学入学、员工录用、创业服务等7个“一件事”川渝通办、34项服务“免证办”，20项证明事项在两地实行告知承诺制。二是推进跨省市通信一体化。取消川渝地区座机通话长途费，实现全国首例跨省级行政区域固定电话通信资费一体化，推出多款川渝共享专属优惠资费产品，推出两省市亲情号互设、跨省市缴费等8项跨省通信服务。截至2023年8月，8项跨区域通信服务已累计办理32.91万余笔，亲情号码跨区域互设服务对象1.3万人，为川渝两地亲情用户节约通信费用623万元/年。三是推进毗邻地区警情处置一体化。毗邻的所有区县公安机关均签订了110报警可达性合作机制协议，明确适用范围、操作流程、处置规范、移交方式，建立“一键报警、三地连通”机制，实现自动转警。截至2023年8月，累计协同处置相关警情1853起，相互移交1328起。四是协同推进医保异地直接结算。协同推动川渝异地就医住院免备案试点，通过“全程网办”和“异地代办”的方式实现城乡居民医保参保登记等12个高频服务事项“川渝通办”。通过建立“成渝双城医保服务站”，实现异地备案等18项业务成渝协同联办，开通跨省市异地联网定点医疗机构超过 2.5 万家、零售药店超过 5.2 万家，累计直接结算跨省就医购药 1050 万人次、医保支付 77.7 亿元。

协同推进重点领域创新。聚焦科技、金融、司法等领域，协同创新成果亮点纷呈。一是共建跨省域科技创新中心。成功举办首届“一带一路”科技交流大会，推动共建“一带一路”国际技术转移中心，合作共建西部科学城。开通川渝科技资源共享服务平台，成立全国唯一省际共建重点实验室——特色生物资源研究与利用川渝共建重点实验室，国家科技成果转移转化示范区和国家级知识产权运营中心成功获批，实现外籍“高精尖缺”人才工作许可在川渝两地互认。截至 2023 年 9 月，开放共享大型仪器设备 1.3 万余台（套），“重庆英才服务卡”“天府英才卡”等 6 项服务内容对等互认。二是共建西部金融中心。数字人民币试点稳步推进，联合成立总规模 50 亿元的成渝地区双城经济圈科创母基金，积极探索成渝地区外汇管理互通互认，共同申报资本项目一体化管理试点。全国首个跨区域社会组织——成渝银行业保险业消费者权益保护中心（重庆）、首家川渝共建地方法人金融机构“双城（重庆）信用增进股份有限公司”投入运营。依托跨境金融区块链服务平台上线全国首个西部陆海新通道融资结算应用场景，上线以来企业融资需求规模超过 10 亿美元。三是推动司法协同合作创新。共建全国首个跨省域管辖的法院——成渝金融法院，持续深化川渝自贸试验区区域司法协同合作创新，两地自贸区法院、检察院开启司法合作共建，天府中央法务区打造成为中国首个在省级层面提出和推动实施的现代法务集聚区。

完善协调协商机制。一是优化调整川渝合作机制。建立党政联席会议、常务副省市长协调会议、联合办公室及专项工作组常态化工作机制，联合办公室设在两省市发展改革委，统一公文流转、印章使用、人员管理，实现联合办公。2023 年建立政策需求、议定事项、工作成果“三张清单”，更加有力推动各项任务闭环落实。二是建立重大项目联合调度服务机制。按年度推进实施共建成渝地区双城经济圈重大项目，建立两省市领导联系重大项目工作机制，统筹项目要素保障，共同开展“月调度、季通报、年督查”，2020—2023年按年度滚动实施31个、67个、160个、248个重大项目，总投资分别为0.58万亿元、1.57万亿元、2.04万亿元、3.25万亿元。三是建立协同立法机制。出台《川渝人大法制工作机构推动成渝地区双城经济圈建设协同立法工作办法》，实现立法项目协商确定、立法文本协商起草、立法程序同步推进、立法成果共同运用、法规实施联动监督。四是建立干部互派挂职机制。逐年遴选优秀年轻干部互派锻炼，推动两地信息互通、经验共享，已互派干部4批次401人次，实现发展改革、经济贸易、城建规划、交通水利、生态环保等重点合作领域全覆盖。

（二）区域经济协调发展指数

整体来看，双城经济圈克服了新冠疫情、极端高温天气等不利因素影响，在要素资源引力、区域协调联动等分项指标共同作用下，双城经济圈区域经济协调发展指数稳步上升，2022年指数为105.2，较2021年上升1.8个点（见图1-5-3）。

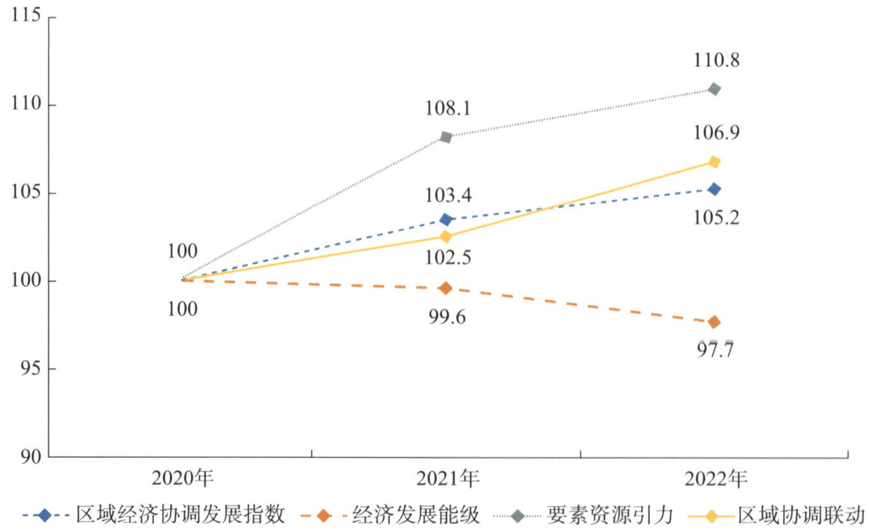

图1-5-3　2020—2022年区域经济协调发展总指数及3项分指数变化情况

1. 经济发展能级稳步提升

双城经济圈在国家区域发展和对外开放格局中具有独特而重要的作用，党的二十大报告将其与千年大计雄安新区并列写入区域协调发展板块，在全国的发展位势得到不断提升。2022 年，受新冠疫情、极端高温天气等多重因素交织影响，双城经济圈经济发展能级指标得分由 2021 年的 99.6 下降至 97.7，但总体上升的趋势没有改变。一是经济规模不断扩大。2019—2022 年，双城经济圈经济总量由 6.3 万亿元提高到 7.8 万亿元，占全国比重从 6.3% 提升至 6.4%①，占西部地区比重超过 30%，带动周边高质量发展作用进一步显现（见图 1-5-4）。二是经济强度明显提升。2019—2022 年，双城经济圈人均 GDP 水平稳步提高，由 6.6 万元提高至 7.9 万元②（见图 1-5-5）。三是全员劳动生产率稳步提高。随着数字化变革持续推进，数字经济与实体经济深度融合发展，促进企业生产效率大幅提升。2020—2022 年，川渝全员劳动生产率由 10.3 万元 /（人·年）提升至 12.2 万元 /（人·年）（见图 1-5-6）。

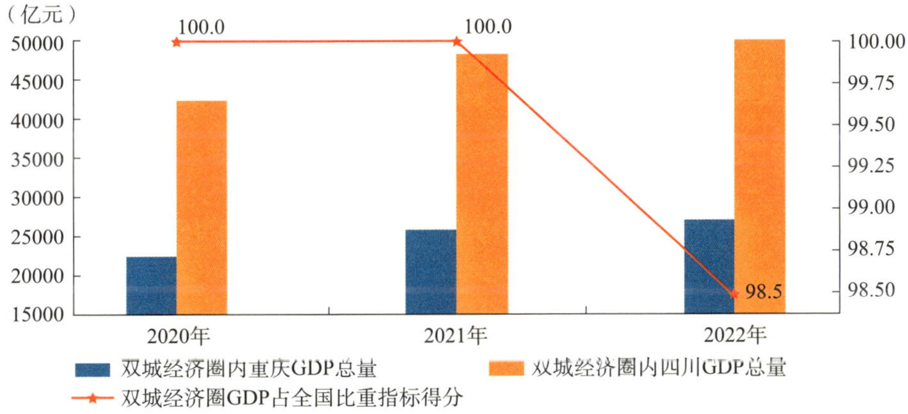

图 1-5-4　双城经济圈 GDP 及占全国比重指标得分变化情况

---

① 2020 年，双城经济圈经济总量占全国比重为 6.5%。
② 2020 年，双城经济圈人均 GDP 为 6.7 万元。

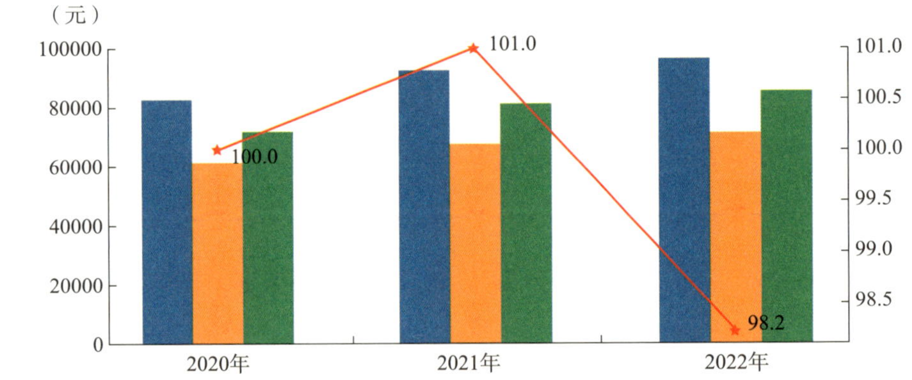

图 1-5-5　双城经济圈人均 GDP 及占全国比重指标得分变化情况

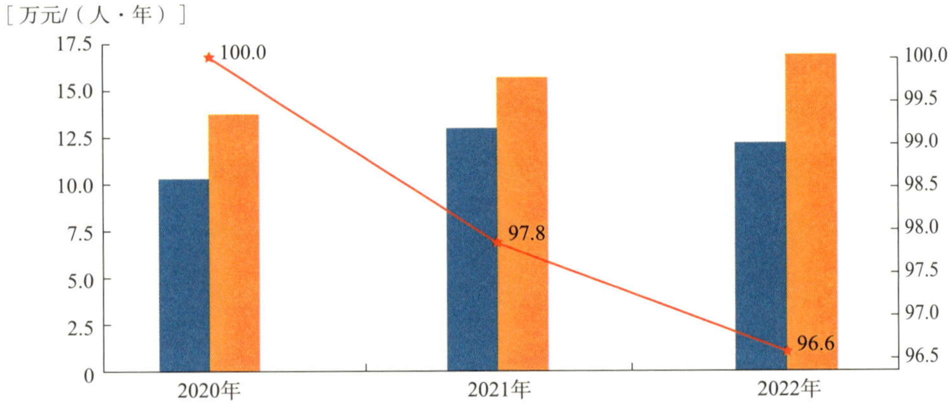

图 1-5-6　双城经济圈全员劳动生产率及与全国之比指标得分变化情况

2. 要素集聚能力持续增强

成渝地区双城经济圈作为投资兴业的热土，要素集聚和资源配置能力持续增强，对周边城市的辐射带动效应日益凸显。2022 年要素资源引力得分为 110.8，较 2021 年增长 2.7 个点。一是人口集聚效应增强。在交通促进、产业发展的拉动下，外部人口流动和集聚的趋势进一步加强。2019—2022 年，双城经济圈常住人口由 9600 万人增加到 9874.50 万人，占全国比重由 6.9% 提

国首个跨地区开展外债便利化试点地区，支持川渝两地企业共同参与一次性外债登记试点总额 215 亿美元。2022 年川渝互投资金总额达 108.68 亿元，较 2020 年增加 18.09 亿元，比 2016 年增加 79.08 亿元（见图 1–5–10）。三是物流服务更加高效。围绕打造国家综合交通“极”，持续推进双城经济圈交通建设，重庆、成都联合入围全国首批 15 个国家综合货运枢纽补链强链城市。2022 年，成渝间国家铁路货运量达 1706 万吨，较 2016 年增长 30%[①]（见图 1–5–11）。

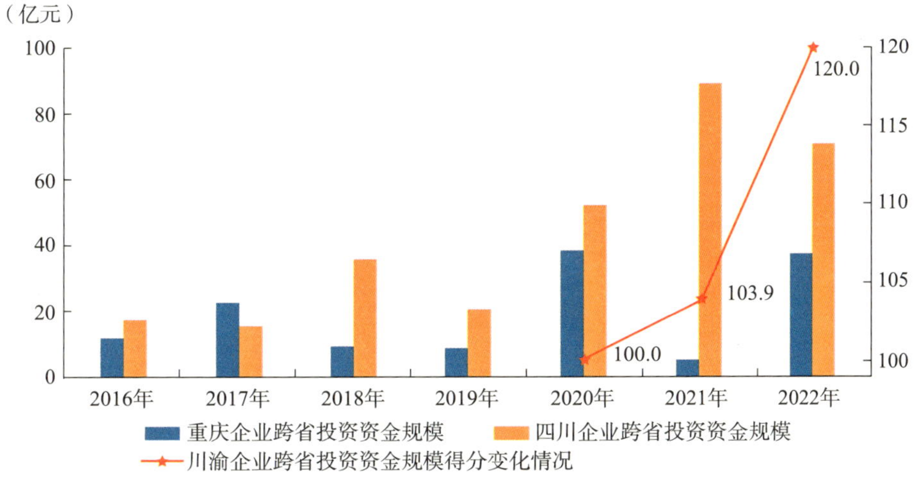

图 1–5–10　川渝互投资金规模及指标得分变化情况

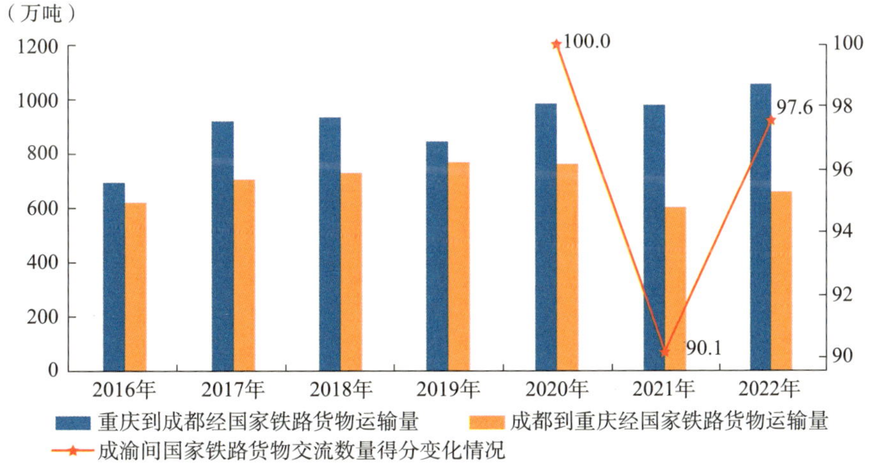

图 1–5–11　成渝间国家铁路货物交流数量及指标得分变化情况

① 2020 年成渝间国家铁路货运量为 1748.3 万吨，2022 年较 2020 年略有下降。

（三）基础设施互联互通指数

基础设施对经济社会发展具有基础性、先导性作用，是实现区域一体化发展的必要条件。在共建成渝世界级机场群、合建轨道上的双城经济圈、完善双城经济圈公路网络、联建长江上游航运枢纽等重大项目带动下，双城经济圈基础设施互联互通指数增幅显著提高，2022 年指数为 118.0，较 2021 年上升 3.5 个点（见图 1-5-12）。

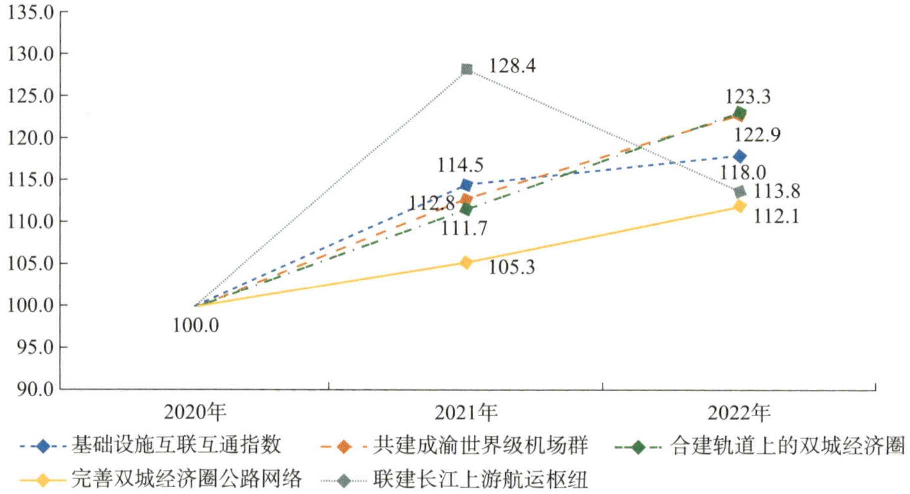

图 1-5-12　2020—2022 年基础设施互联互通总指数及 4 项分指数变化情况

1. 世界级机场群加快打造

围绕打造国际航空门户枢纽，双城经济圈着力增强双核航空运输能力，大力构建“市内双枢纽协同、成渝四大机场联动”的世界级机场群。在江北、双流、天府三大国际机场航线数量、吞吐量显著增加带动下，2022 年共建成渝世界级机场群指标得分由 2021 年的 112.8 上升为 122.9，快速发展态势明显。一是航空客货运输服务水平显著提升。2022 年江北国际机场旅客吞吐量达 2167 万人次，货邮吞吐量 42 万吨，分别居全国第 2 位、第 8 位。成都双流国际机场、天府国际机场“两场一体”运营初见成效，2022 年旅客吞吐量分别实现 1782 万人次、1327 万人次，分别居全国第 6 位和第 10 位，货邮吞吐量分别实现 53 万吨、8.2 万吨。成渝机场航空客货吞吐量占全国比重及指标得分变化情况见图 1-5-13。二是航线网络持续优化。2022 年，江北国际机场累计开通航线 354 条，其中国际（地区）航线 110 条；双流机场累计开通航线 357 条，天府机场累计开通航线 241 条。重庆璧山正兴场址作为重庆新机场推荐场址，获民航局批复同意，四川达州金垭机场等支线机场，两江龙兴、永川大安、梁平等通用机场建成投用并平稳运行，双城经济圈航线网络进一步优化，基本形成衔接欧美、东亚及南亚的航空客货运网络。

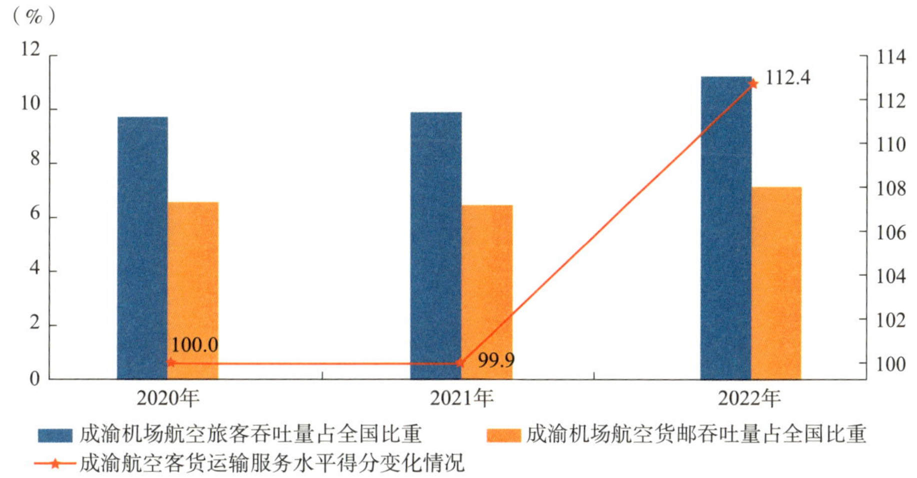

图 1-5-13　成渝机场航空客货吞吐量占全国比重及指标得分变化情况

2. 轨道上的经济圈加速推进

聚力干线铁路、城际铁路、市域（郊）铁路、城市轨道交通建设，多层次轨道交通网络体系加快完善，2022 年合建轨道上的双城经济圈指标得分由 2021 年的 111.7 上升至 123.3。一是轨道交通路网密度持续上升。建成郑万高铁，全线提速建设成达万、渝西、渝万等多条高铁，渝湘高铁重庆至黔江段、渝昆高铁进度过半，2022 年重庆、四川高铁通车里程分别为 1023 千米、1391 千米。重庆、成都城市轨道交通运营里程分别达到 434.7 千米、557.8 千米，两者双双位居西部前列。二是成渝双核实现1小时通达。成渝之间跨省城际动车高铁对开组数达到125对（见图1-5-14），成渝客专实现350千米/小时达速运营，全面实现成渝双核1小时通达目标。川渝间铁路通道加快提质，全面启动成渝中线高铁建设，优先利用铁路资源开行城际列车，各种交通方式间基本实现有效衔接、贯通运营，实现安检互信、便捷换乘，支撑都市圈1小时通勤。

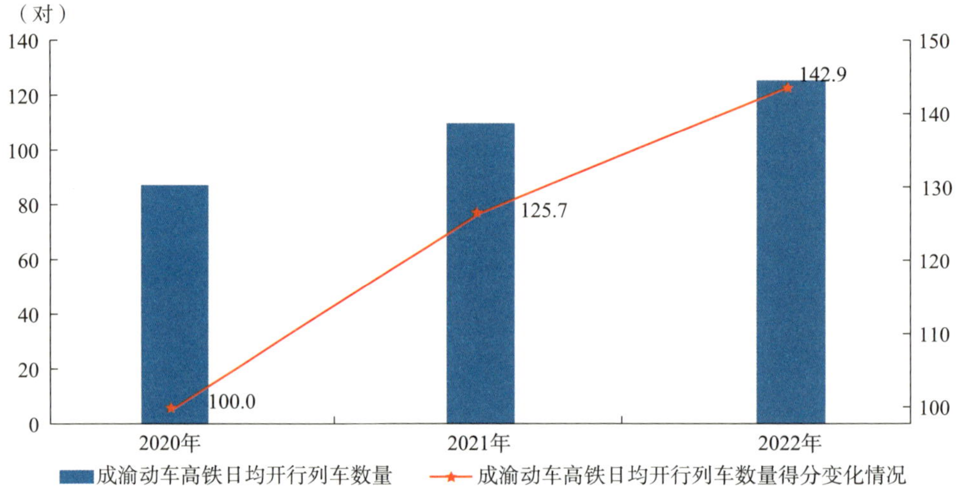

图1-5-14　成渝动车高铁日均开行列车数量及指标得分变化情况

3. 畅联公路体系持续完善

畅通对外高速公路通道建设，强化节点城市快速联通，双城经济圈公路网络进一步加密提质。2022年，完善双城经济圈公路网络指标得分由2021年的105.3提升至112.1。一是高速公路里程持续加密。2022年底，重庆、四川高速公路通车里程分别达到4002千米、9179千米，高速公路密度分别为4.86公里/百平方公里、1.89公里/百平方公里，较2019年分别提高23.8%、22.0%[①]。建成及在建川渝间省际高速公路通道达20条，其中已建成投用14条、比2020年增加2条，直连高速大通道4条（见图1-5-15）。二是公路体系更

① 2020年，重庆、四川高速公路密度分别为4.13公里/百平方公里、1.68公里/百平方公里。

加完善。永川至泸州、合璧津高速城南枢纽至璧山西段、德阳中江至遂宁等高速公路建成通车，内江至大足高速、铜梁至安岳重庆段、江津至泸州北线重庆段加快建设，重庆至筠连四川段、达州至万州四川段等高速公路前期工作提速推进。G350 澄溪至群力新改建、G353 线江津白沙至川渝界、G210 线渝北茨竹至川渝界等项目顺利推进。

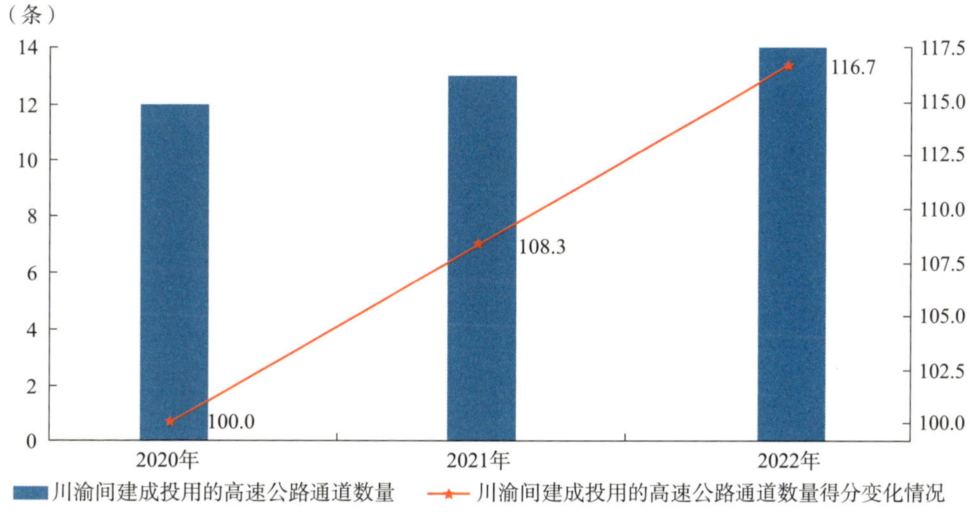

图 1-5-15　川渝间建成投用的高速公路通道数量及指标得分变化情况

4. 长江上游航运枢纽提速建设

以长江干线为主通道、重要支流为骨架的航道网络更加健全，长江上游航运中心建设加快推进。但受外贸下降和疫情反复等影响，川渝间集装箱铁水联运和水水中转标准箱数量出现小幅下降，2022 年联建长江上游航运枢纽指标得分由 2021 年的 128.4 下降至 113.8。一是高等级航道网络不断完善。开工建设长江干线朝天门至涪陵段、涪陵至丰都段航道整治工程，嘉陵江利泽航运枢纽船闸工程建成投用，乌江白马、涪江双江等航电枢纽建设加快推进，重庆三级及以上高等级航道达到 1111 千米。川渝合资共建的万州新田港二期加快建设，主城黄磏港一期、寸滩邮轮母港开工建设，铁水联运、江海联运、水水中转等集疏运设施不断完善。二是川渝间货物运输出现小幅下降。受外贸下降和疫情反复等影响，2022 年川渝间集装箱铁水联运和水水中转标准箱量由 2021 年的 19.1 万标准箱下降至 14.9 万标准箱，与 2020 年大体持平（见图 1–5–16）。

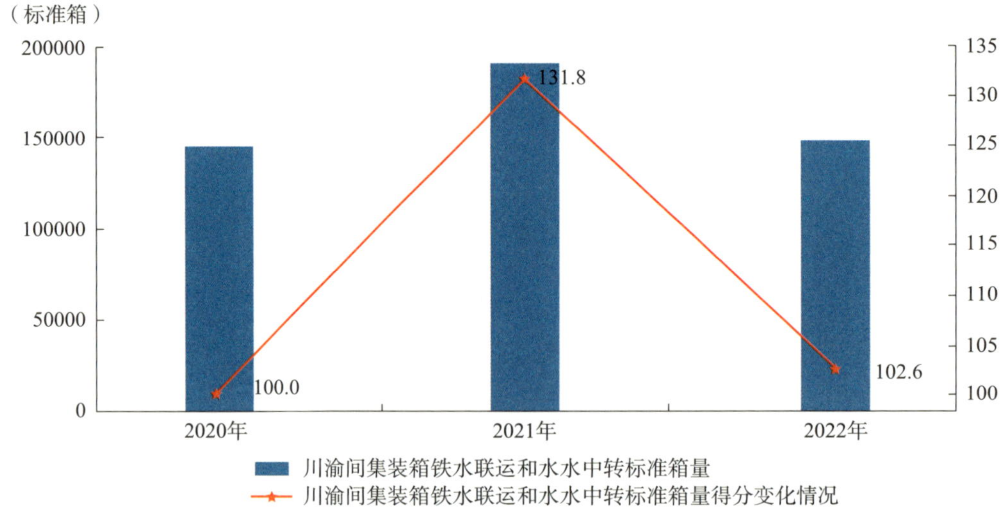

图 1–5–16　川渝间集装箱铁水联运和水水中转标准箱量及指标得分变化情况

（四）现代产业协同发展指数

川渝两地共抓产业建链补链延链强链，产业结构和产业分工逐步优化，数字经济核心产业加快发展，与此同时，受全球经济复苏缓慢影响，以电子信息和汽车等为代表的产业主营业务收入增长较慢，对现代产业协同发展水平的提升形成一定制约。2022 年，双城经济圈现代产业协同发展指数为 104.9，较 2021 年上升 5.7 个点（见图 1–5–17）。

1. 优势产业集群联建加快推进

受高温干旱以及全球市场动荡影响，双城经济圈优势产业集群联建指标得分 104.2，比 2021 年小幅下降 1.4 个点，但产业高质量发展的趋势并没有改变。一是世界级先进制造业产业集群持续壮大。成渝地区电子信息集群入选国家先进制造业集群名单，2022 年川渝两地共生产汽车 318 万辆，同比增长 17%。规模以

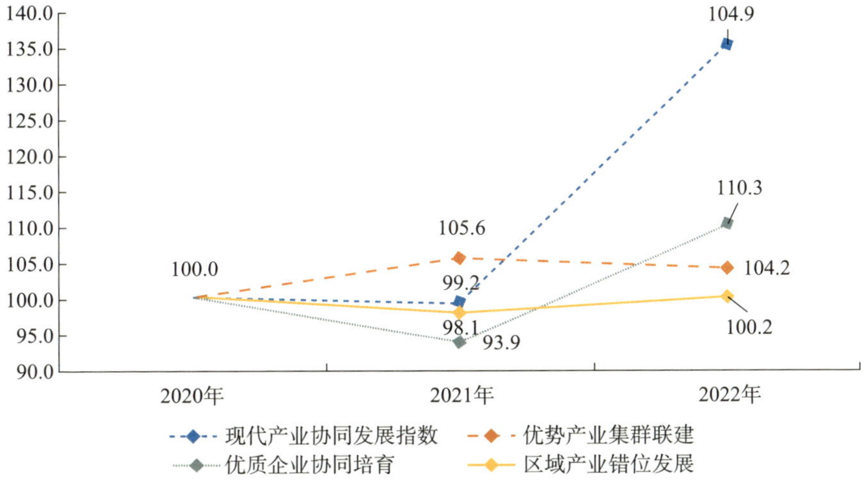

图 1-5-17　2020—2022 年现代产业协同发展总指数及 3 项分指数变化情况

上电子信息、汽车制造业营业收入分别达到 14243.2 亿元、7239.2 亿元，占全国比重分别为 9.2%、7.8%，占比略有下降。2022 年，电子信息和汽车优势产业集群区位熵得分由 2021 年的 106.2 下降为 101.2（见图 1-5-18）。二是数字经济蓬勃发展。工业互联网一体化发展示范区加快建设，共同建立成渝地区工业互联网及智能制造服务商资源池，成功遴选“5G + 工业互联网”标杆项目 20 个，标识解析国家顶级节点（重庆）累计接入二级节点 44 个。四川、云南、广西、贵州加入中新（重庆）国际互联网数据专用通道建设与应用。2022 年川渝两地数字经济核心产业增加值超过 6500 亿元，比 2020 年增长 27.5%（见图 1-5-19）。三是西部金融中心加快建设。重庆、成都分别获批设立国家绿色金融改革创新试验区、普惠金融服务乡村振兴试验区，挂牌成立全国第三家金融法院——成渝金融法院。多式联运国际物流服务网络加快完善，成功入围首批国家综合货运枢纽补链强链城市（群），川渝国家级物流枢纽增至 8 家。2022 年，川渝两省市实现服务业增加值达 4.51 万亿元，其中，实现金融业增加值 6331.1 亿元，占全国金融业增加值比重小幅下降至 6.5%，金融业增加值占西部地区比重得分也由 2021 年的 102.2 小幅下降至 101.4。

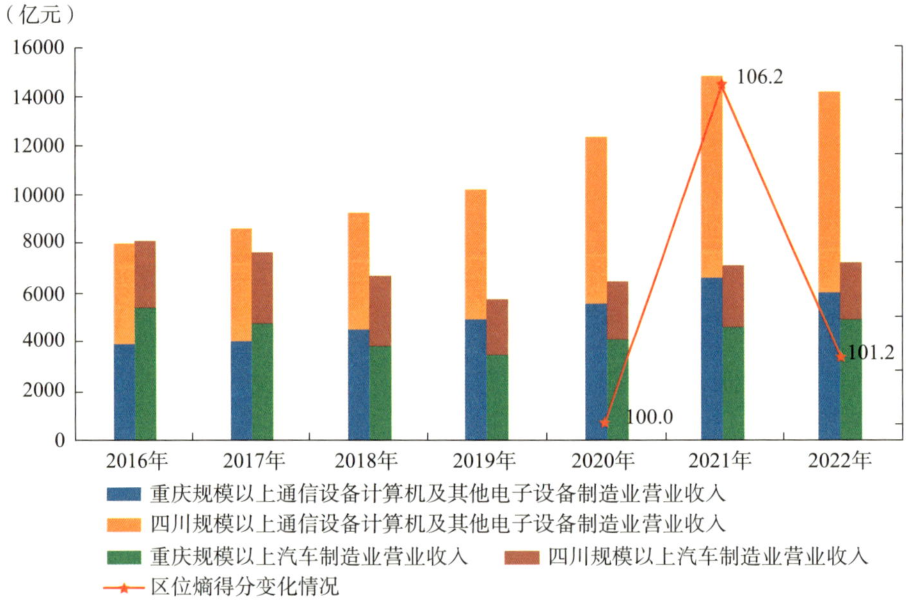

图 1-5-18 川渝电子信息和汽车制造业营业收入及区位熵指标得分变化情况

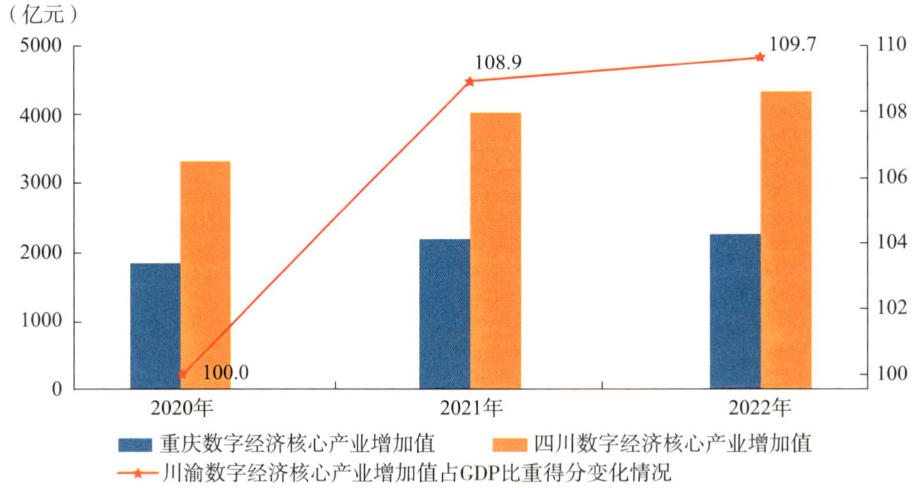

图 1-5-19 川渝数字经济核心产业增加值及指标得分变化情况

2. 优质企业协同培育成效明显

加快推动各项惠企政策落地实施，“专精特新”、单项冠军等优质企业协同培育成效明显。2022 年优质企业协同培育指标得分由 2021 年的 93.9 上升为 110.3，上升势头迅猛。一是国家级“专精特新”企业持续增加。2022 年，重庆和四川国家级专精特新“小巨人”企业分别新增 139 家、138 家，总量占全国比重分别 3.19%、3.17%。从全国看，2022 年川渝国家级专精特新“小巨人”企业、单项冠军示范企业、单项冠军产品累计分别达到 602 家、8 家、15 家，相较长三角（2788 家、173 家、147 家）、京津冀（1138 家、29 家、36 家）、长江中游（1116 家、22 家、38 家）以及粤港澳大湾区（881 家、37 家、48 家）仍有较大差距和提升空间。二是国家级高新技术企业加快培育。2022 年，重庆、四川高新技术企业总量分别达到 7775 家、16914 家，占全国比重分别为 1.9%、4.2%，比 2019 年分别提高 0.5 个百分点、1.7 个百分点[①]（见图 1-5-20）。其中，2022 年四川高新技术产业实现营业收入 2.7 万亿元，重庆的液晶显示模组、工业机器人、光伏电池、新能源汽车等高新技术产品保持 20% 以上的高速增长，重大创新成果产业化和关键技术产品突破取得积极进展。

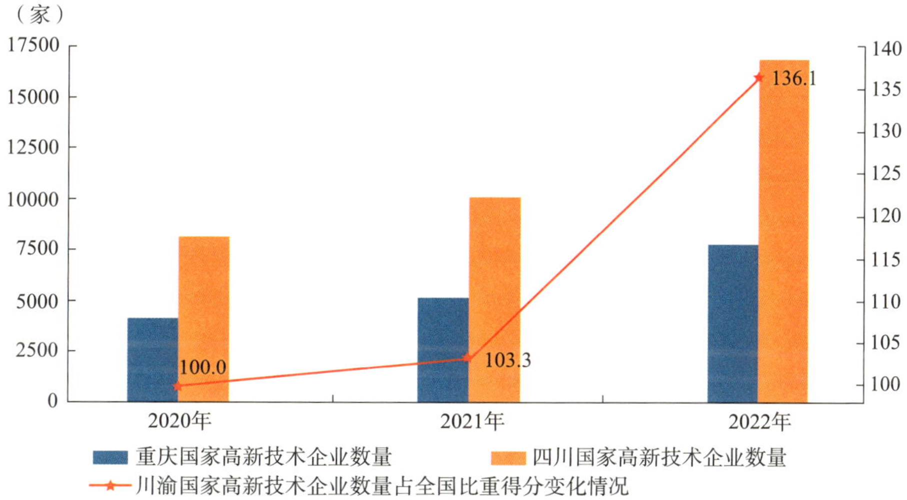

图 1-5-20　川渝国家高新技术企业数量及占全国比重指标得分变化情况

3. 区域产业分工格局逐步优化

围绕发挥比较优势推动产业合理分工、错位发展，产业高质量发展合力加快塑造，区域高效分工的产业发展格局逐步形成，2022 年区域产业错位发展指

① 2020 年，重庆、四川高新技术企业占全国比重分别为 1.5%、3.0%。

标得分由 2021 年的 98.1 上升至 100.2。一是川渝三次产业结构更趋差异化发展。2022 年，川渝三次产业结构相似系数为 0.9937，较 2020 年下降了 0.003，表明虽然当前川渝间三次产业相似水平仍相对较高，但逐步有所改善。二是制造业区域分工更为精细化。川渝两地电子信息、汽车、装备制造等重点产业链供应链关联度持续提升，产业发展要素互动、生产制造环节互配、品牌营销渠道共用等加速融合，同时，加快建立协同承接东部沿海产业转移机制，协同打造产业承接平台，川渝之间细分行业比较优势进一步巩固，2022 年川渝制造业区域分工指标得分由 2021 年的 96.0 上升至 100.3（见图 1-5-21）。

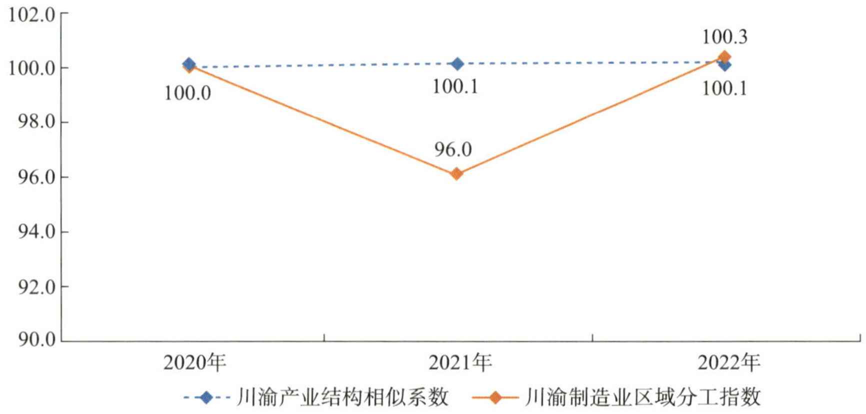

图 1-5-21　川渝产业结构相似系数、川渝制造业区域分工指标得分变化情况

（五）科技创新共建共享指数

川渝两地围绕共建具有全国影响力的科技创新中心，持续加大科技创新投入，强化战略科技力量协同布局，主动服务国家高水平科技自立自强，协同创新发展能力持续增强，科技创新共建共享指数由 2021 年的 116.8 上升至 2022 年的 135.3，大幅提高 18.5 个点，为构建现代产业体系提供了有力的科技支撑（见图 1-5-22）。

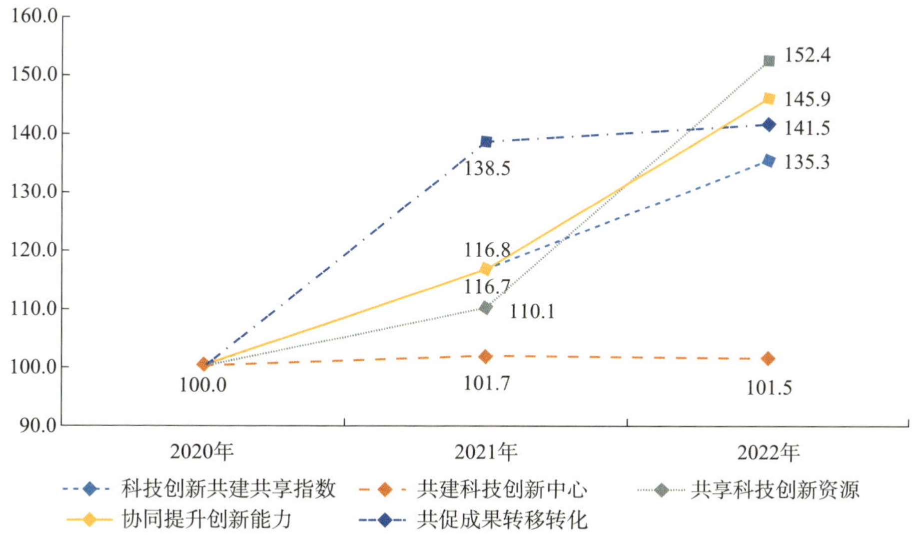

图 1-5-22　2020—2022 年科技创新共建共享总指数及 4 项分指数变化情况

1. 共建科技创新中心加快推进

川渝两地持续加大科技创新投入，大力推进重点实验室等创新平台建设，基础研究能力、技术攻关能力、成果转化能力不断提升，2022 年共建科技创新中心指标得分 101.5，与 2021 年基本持平。一是创新研发投入保持稳步增长。2022 年，川渝两地研究与试验发展（R&D）经费总量达到 1901.6 亿元，同比增长 4.6%，占全国的 6.2%、西部的 49.9%，总体研发经费投入强度 2.22%，高于西部平均水平 0.06 个百分点。其中，重庆、四川研发经费投入强度分别为 2.4%、2.1%，两地研发经费投入差距较上年缩小 82.3 亿元，协同创新水平稳步提升（见图 1-5-23）。二是川渝共建重点实验室加快推进。推动共建国家“一带一路”联合实验室等科研平台，围绕地球科学、生命科学等加快建设特色生物资源研究与利用川渝共建重点实验室，加快集聚优质创新资源。2022 年，两地国家级重点实验室达到 28 个，2023 年以来，首批 4 家天府实验室和金凤实验室启动实体化运行，两省市 19 家全国重点实验室完成优化重组，新增全国重点实验室 3 个，生物医药、空气动力等原始创新集群加快打造速度。

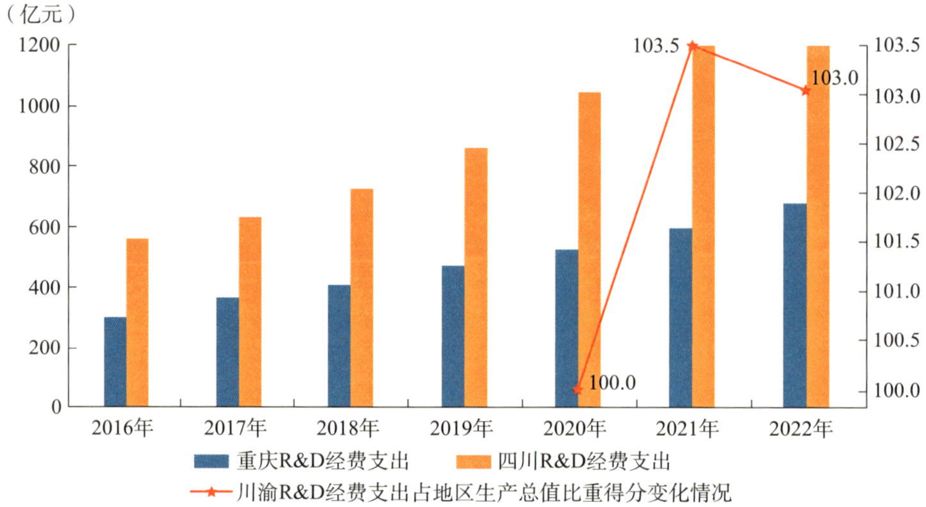

图 1-5-23　川渝 R&D 经费投入强度及指标得分变化情况

2. 共享科技创新资源持续拓展

川渝两地围绕科技资源互通共享，共同承担科技项目、共用科研仪器设备，创新合作范围持续扩大，2022 年共享科技创新资源指标得分 152.4，比 2021 年大幅提高 42.3 个点。一是联合实施重点项目研发。2022 年，川渝两地聚焦人工智能、集成电路、自动驾驶、大健康、智能制造、资源环境等领域，联合实施重点研发项目 29 个，同比增长 81.3%（见图 1-5-24）。重庆京东方显示技术有限公司、招商局检测车辆技术研究院有限公司、北京理工大学重庆创新中心等 8 家单位联合四川开展了“卡脖子”关键核心技术攻关，区域协同创新水平持续提升。二是积极开展科技资源服务共享。共同组建运行川渝科技创新资源互联互通共享平台系统，建成川渝科技资源共享服务平台，实现用户统一身份认证、一键登录、仪器设备共享等功能。2022 年，川渝科技资源共享服务平台整合两地大型仪器设备 1.21 万台（套）、价值约 127 亿元，川渝科技资源共享服务平台重庆入网大型仪器价值及指标得分变化情况见图 1-5-25。

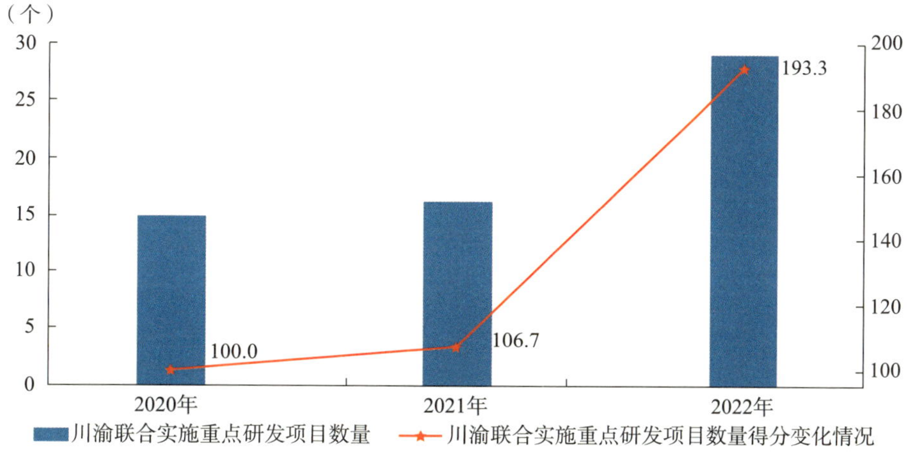

图 1-5-24　川渝联合实施重点研发项目数量及指标得分变化情况

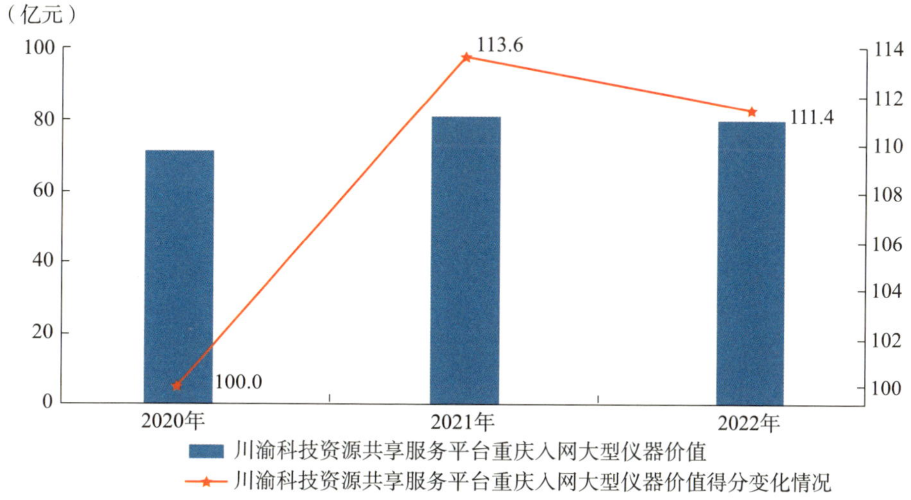

图 1-5-25　川渝科技资源共享服务平台重庆入网大型仪器价值及指标得分变化情况

3. 川渝协同创新能力稳步提升

川渝两地持续优化科技创新生态，加强产学研协同创新，联合开展创新的行为不断增多。2022 年协同提升创新能力指标得分 145.9，比 2021 年提高 29.2 个点。一是科技论文联合发表持续增加。川渝联合共同发表科技论文数量大幅上升，由 2020 年的 26703 篇提升至 2022 年的 54558 篇，三年总量增长超过 1 倍，其中，2022 年较上年增长 14425 篇，增幅达到 36%（见图 1-5-26）。二是专利跨省联合申报持续加强。川渝跨省市联合申报专利数稳步上升，由 2020 年的 219 件提升至

2022 年的 239 件，同时，其占两地申报专利总量比重也在稳步提升，2022 年，跨省市联合申报专利占两地申报专利总量比重由上年的 8.2‱ 提升至 8.6‱（见图 1–5–27）。

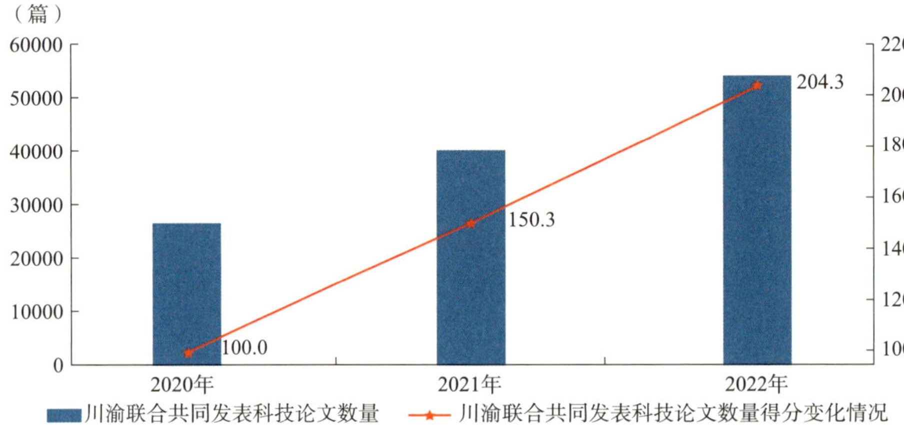

图 1–5–26　川渝联合共同发表科技论文数量及指标得分变化情况

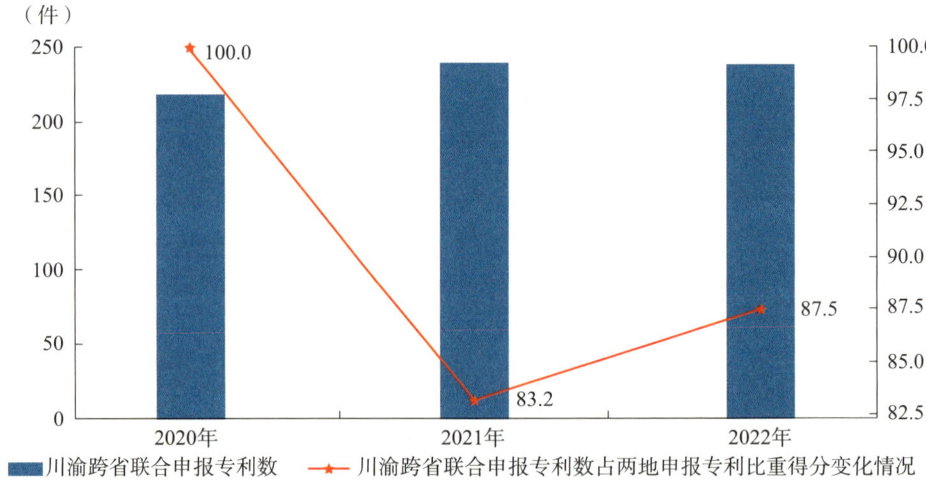

图 1–5–27　川渝跨省联合申报专利数及占两地申报专利比重指标得分变化情况

4. 共促成果转移转化进展顺利

川渝两地持续加强科技成果转化应用，创新成果不断涌现，技术交易市场进一步活跃，2022 年共促成果转移转化指标得分由 2021 年的 138.5 上升至 141.5。一是川渝间专利转移量大幅增长。川渝专利转移、技术转化成果不断增多，2020—2022 年，川渝两地相互转移专利量分别为 215 件、433 件和 428 件（见图 1-5-28）。其中，重庆向四川转移的专利量分别为 115 件、151 件、262 件，持续保持较高增长水平，四川向重庆转移的专利量分别为 100 件、282 件、166 件。二是川渝技术交易额稳步增长。2020—2022 年，川渝两地技术交易市场稳步壮大，技术市场交易额分别实现 9724.8 亿元、9263.6 亿元和 12598.4 亿元，占全国比重分别为 4.9%、3.7% 和 4.2%。2022 年，两地技术市场交易额首次突破 1 万亿元大关，呈活跃发展态势（见图 1-5-29）。

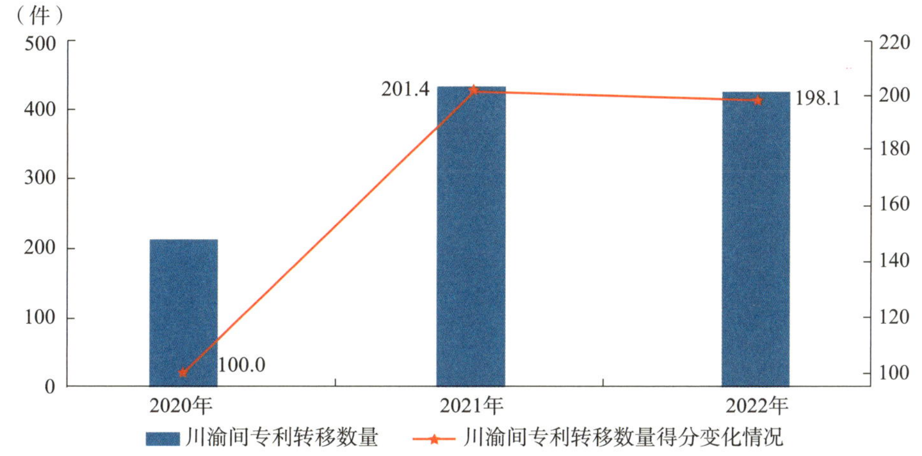

图 1-5-28　川渝间专利转移数量及指标得分变化情况

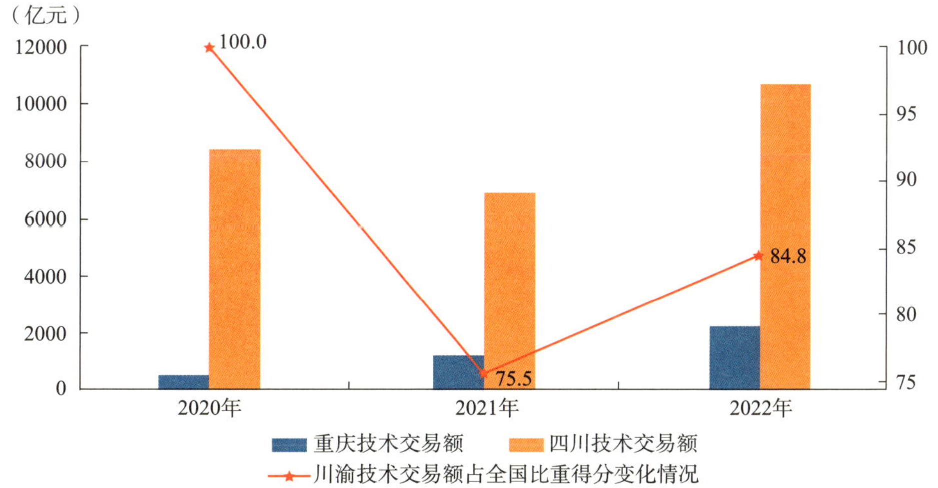

图 1-5-29　川渝技术交易额及占全国比重指标得分变化情况

（六）文化旅游融合联动指数

双城经济圈旅游资源各具特色、优势互补，长期以来互为重要旅游集散地和客源地。2022 年，由于新冠疫情影响持续扩散，在人口流动受限和消费者消费信心不足双重影响下，川渝两地文旅市场受到较大冲击，文化旅游融合联动指数由 2021 年的 110.2 降低到 88.5（见图 1-5-30）。

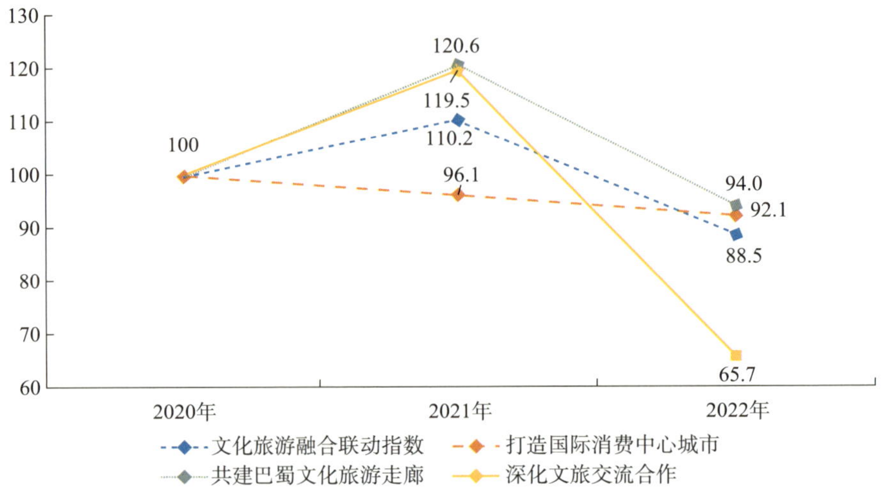

图 1-5-30　2020—2022 年文化旅游融合联动总指数及 3 项分指数变化情况

1. 国家消费中心城市加快打造

在疫情散点多发、预期走弱、内需疲软等因素影响下，川渝两地陆续出台了系列稳投资、促消费政策措施，消费市场整体保持稳定，2022 年打造国际消费中心城市指标得分 92.1，比 2021 年小幅下降 4 个点。一是社会消费需求仍然保持增长态势。川渝两地持续推进国际消费中心城市建设，2022 年双城经济圈社会消费品零售总额达到 34460.14 亿元，占全国的比重由 2020 年的 7.5% 提高到 7.8%，区域消费市场依然持续活跃（见图 1-5-31）。二是川渝线下商圈消费热度有所下降。受疫情防控出行限制等影响，根据联通商圈消费大数据[①]，2021 年、2022 年，成渝 20 余个重点监测商圈日均到访分别为 337.4 万人次、210.3 万人次，分别仅为 2020 年的 75.9%、47.3%。2021—2022 年，商圈人均驻留时长较为平稳，均值在 2.4 小时左右，与 2020 年的 3.4 小时相比仍有较大差距。

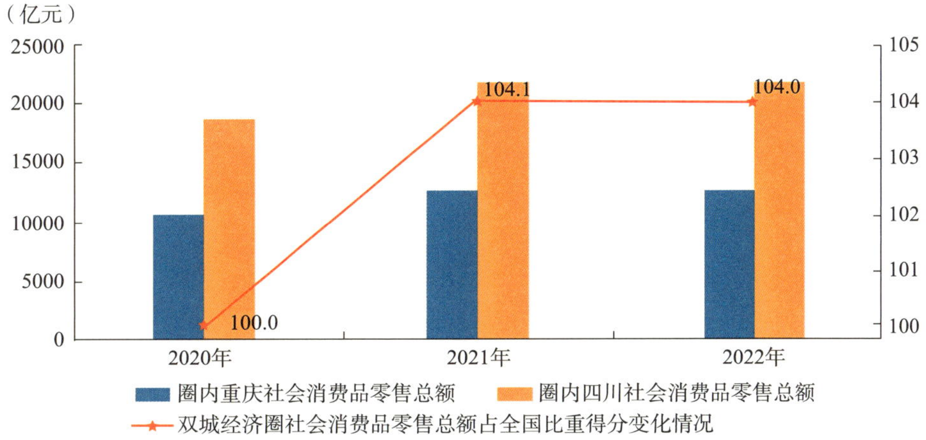

图 1-5-31　双城经济圈社会消费品零售总额及占全国比重指标得分变化情况

2. 共建巴蜀文旅走廊持续推进

川渝两地不断整合挖掘特色文旅资源潜力，推动巴蜀文化旅游走廊建设步伐明显加快，但受疫情反复扰动、居民出行限制、旅游景区经营间歇性停摆等影响，2022 年共建巴蜀文化旅游走廊指标得分仅 94，比 2021 年回落 26.6 个点。一是川渝 A 级旅游景区资源加快整合利用。川渝两地实施“成渝地·巴蜀情”品牌培育工程，重点打造魅力都市、巴蜀文明、石窟艺术、多彩民俗、生态康养五大品牌，协同提升“天府三九大　安逸走四川”“行千里　致广大”品牌形象，建设巴蜀非遗文化产业园、长征国家文化公园（川渝段）、大巴山国际旅游度假区等一批川渝联动重大项目。2022 年，川渝两地

① 商圈消费大数据主要利用手机信令数据，分析重庆、成都 20 个重点监测商圈 2020 年以来的到访人流量，通过商圈区域图层，识别区域内的联通基站，统计当日在商圈日驻留时长和大于等于 30 分钟且职地住地均不在此商圈的人群。

A 级旅游景区达到 1105 个，比 2020 年增加 127 个（见图 1–5–32）。二是川渝文旅市场受到较大冲击。疫情前，川渝旅行社接待国内游客人次达到 1123.55 万人次（2019 年），疫情后降低到 2020 年的 472.67 万人次，并逐步恢复到 2021 年的 626.5 万人次，2022 年由于疫情散点多发，消费者收入及消费信心受到影响，加之自驾旅居、户外露营等近距离、短时间旅游成为潮流，旅行社接待游客量大幅降低，跌至 354.6 万人次，仅为 2020 年的 3/4。

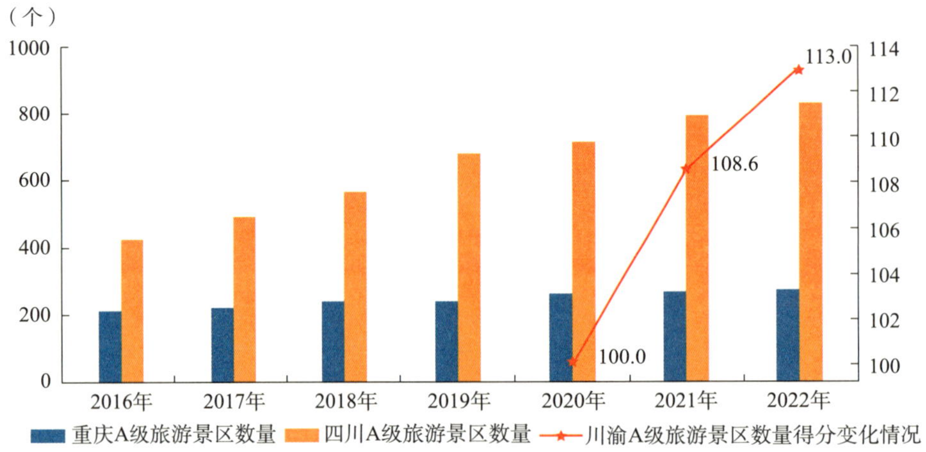

图 1–5–32　川渝 A 级旅游景区数量及指标得分变化情况

3. 川渝商贸文旅交流有所放慢

两地文旅合作全方位、多领域深入推进，文旅跨省市协同发展模式不断创新，但受疫情反复影响，2022 年深化文旅交流合作指标得分仅 65.7，较 2021 年大幅回落 53.8 个点。一是文旅协作创新成果丰硕。川渝两地共打造跨省乡村旅游、红色研学、生态康养等精品线路 70 余条，联合推出“百万职工游巴蜀”旅游年票、“巴蜀文化旅游走廊十大主题旅游线路”，推出“宽洪大量”“点石成金”“资足常乐”等一批精品文旅 CP 经典案例，实现川渝两地游客互送、市场互推。二是川渝居民跨省市消费旅游大幅减少。联通大数据显示，2022 年川渝居民跨省市商圈消费 2253.5 万人次，仅分别为 2020 年、2021 年的 71.4%、53.5%；川渝居民间跨省市旅游 144.1 万人次，仅分别为 2020 年、2021 年的 60%、

56.9%，双双出现较大幅度下降，在疫情管控背景下两地交流互动整体处于低位。

（七）生态环境共保联治指数

川渝两地持续深化生态共建共保、污染协同治理，着力解决系统性、区域性、跨界性突出环境问题，跨区域跨流域生态网络逐步完善，长江上游重要生态安全屏障地位进一步巩固，生态环境共保联治指数由2021年的106.5上升至2022年的111.1（见图1-5-33）。

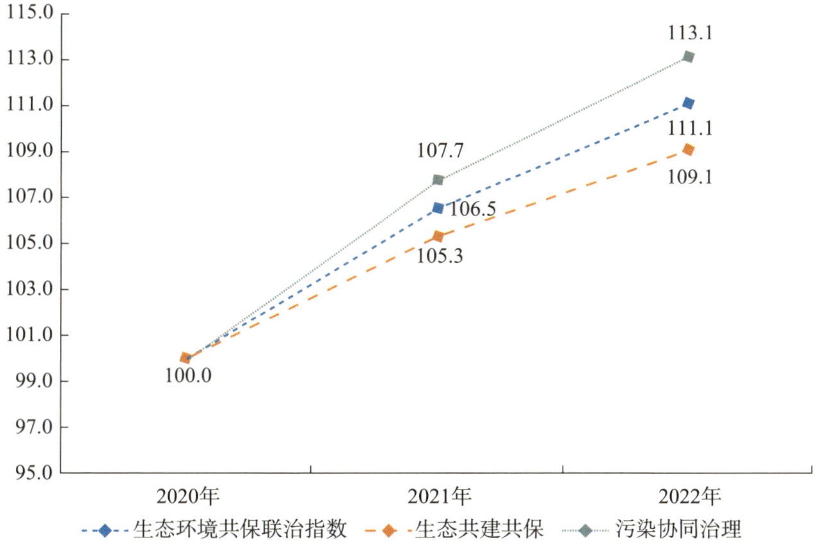

图1-5-33　2020—2022年生态环境共保联治总指数及2项分指数变化情况

1. 生态共建共保成效突出

川渝两地统筹山水林田湖草系统治理，加强生态保护修复，生态共建共保取得明显成效，2022年生态共建共保指标得分由2021年的105.3上升为109.1。一是环境监测一体化合作机制持续健全。健全区域环境准入协商机制，实现污染天气预警预报信息、国控、市控及微型站点等数据信息共享。在全国率先建立危险废物跨省市转移“白名单”机制，2021—2022年，已将“白名单”机制扩大至川渝滇黔湘豫六省市，“白名单”种类由3种增加至30种，经营单位由15家扩大至70家，审批时限由1个月压缩到约5天，川渝两地直接审批危险废物累计达到300余批次14.4万吨。二是空气环境质量稳步提升。支持川渝毗邻地区按照统一的启动标准开展重污染天气联防联控，常态化推动两地120家水泥熟料生产企业开展协同错峰生产。重庆、四川空气质量优良天数分别由2016年的300天、287天上升至2022年的332天和326天[①]，2022年优良天数比重分别达90.96%、89.3%，明显高于京津冀（66.7%）和长三角（83.0%）（见图1–5–34）。两地二氧化硫、氮氧化物、颗粒物等主要污染物排放量分别由2020年的23.06万吨、57.15万吨、30.87万吨下降至2022年的16.82万吨、49.62万吨、20.17万吨，降幅分别达27%、13.2%、34.7%。川渝废气中主要污染物排放情况及指标得分变化情况见图1–5–35。三是跨界河流国控断面水质全面达标。通过组建川渝河长制联合推进办公室，联合编制“一河一策”方案，推动跨界河流水生态环境质量持续改善。2021年，川渝两地277个国考断面水质优良比例95%以上。2022年，长江干流川渝段水质保持为优，重庆74个、四川203个国考断面水质优良比例分别为98.6%、99.5%，均高于国考目标，长江干流水质稳定达到Ⅱ类，水环境质量持续保持全国第一方阵。

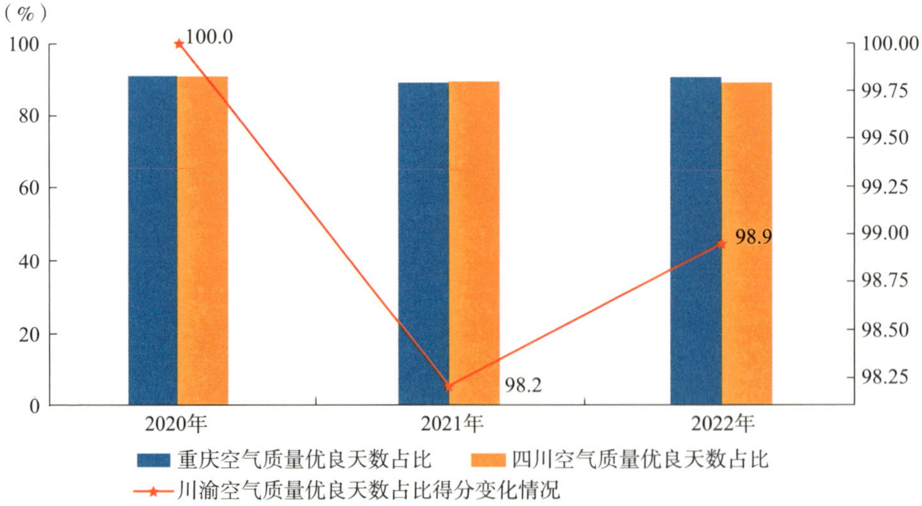

图1–5–34　川渝空气质量优良天数占比及指标得分变化情况

① 2020年，重庆、四川空气质量优良天数分别为333天、332天。

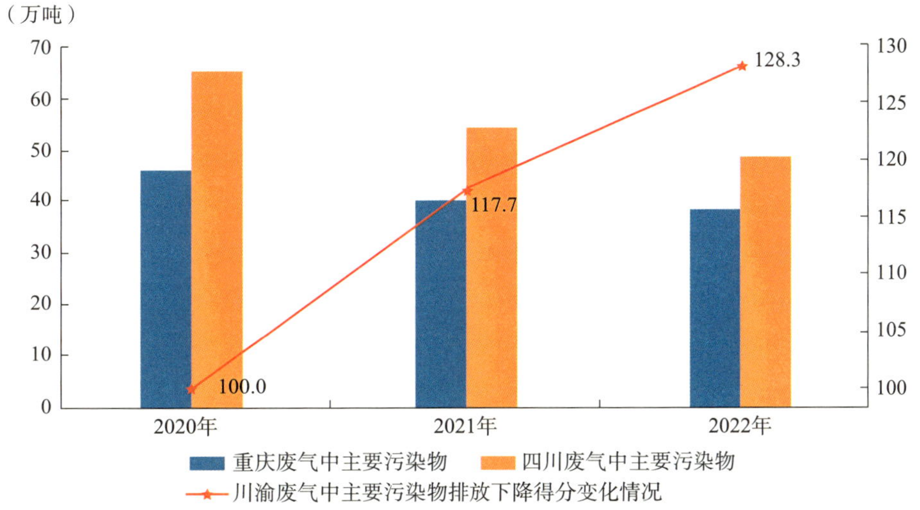

图 1-5-35　川渝废气中主要污染物排放情况及指标得分变化情况

2. 污染协同治理水平稳步提升

两地扎实打好碧水蓝天保卫战，生态环境持续优化，宜居水平不断提升，2022 年污染协同治理指标得分由 2021 年的 107.7 上升为 113.1，提高 5.4 个点。一是环境污染跨区域联合执法机制深入实施。全面落实《深化川渝两地水生态环境共建共保协议》，有效打击跨流域跨区域环境污染行为，优化执法方式，执法效能大幅提升。二是城市生活垃圾无害化处理能力稳步提升。协同加强“无废城市”建设，城市生活垃圾无害化处理能力、固体废物综合利用能力显著提升。2020—2022 年，两地城市生活垃圾无害化处理能力由 5.89 万吨 / 日提升至 7.45 万吨 / 日，占全国生活垃圾无害化处理能力 110.94 万吨 / 日的 6.7%（见图 1-5-36）。川渝一般工业固体废物综合利用率由 44.1% 提升至 49.8%，与全国平均水平的差距较上年缩小 4.91 个百分点，城市固废物源头减量和资源化利用水平进一步提高（见图 1-5-37）。三是城市污水治理协同推进。通过协同加大污水处理力度，构建“源厂网河”一体治理新体系，基本消除城市建成区生活污水直排口和收集处理设施空白区，近年来，川渝城市污水处理率保持在 97% 左右，有力地确保了区域水资源安全。

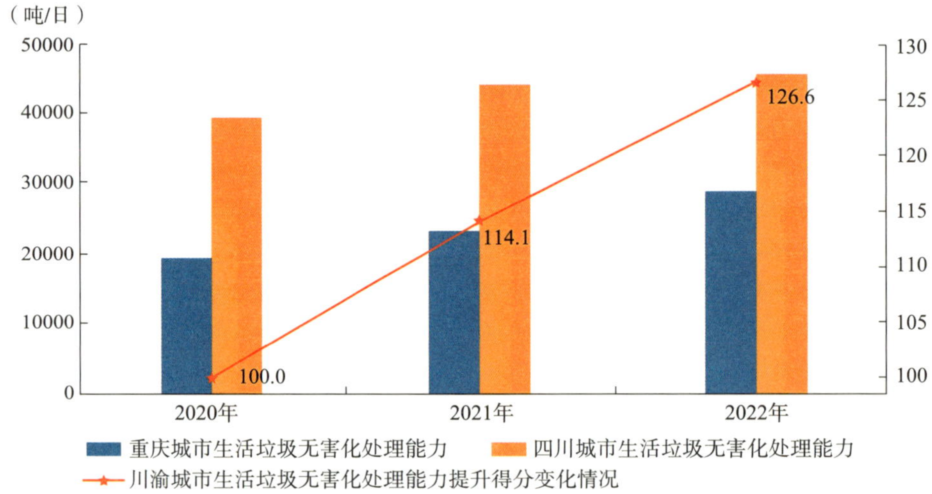

图 1-5-36　川渝城市生活垃圾无害化处理能力及指标得分变化情况

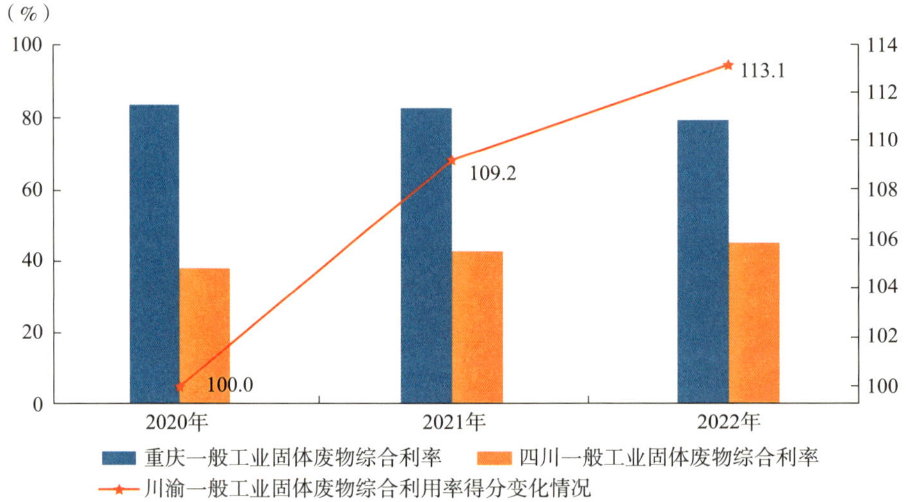

图 1-5-37　川渝一般工业固体废物综合利用率及指标得分变化情况

（八）改革开放协同推进指数

在共建对外开放大通道、共建统一大市场等带动下，西部陆海新通道量质同升，中欧班列（成渝）平稳运行，川渝两地物流成本、要素价格差异有所缩小，2022 年改革开放协同推进指数为 109.2，较 2021 年上升 6.2 个点（见图 1-5-38）。

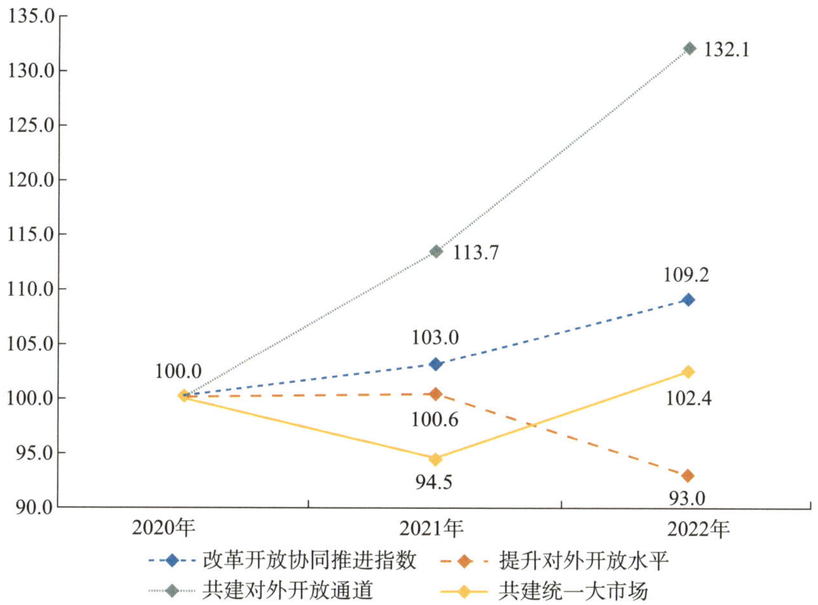

图 1-5-38　2020—2022 年改革开放协同推进总指数及 3 项分指数变化情况

1. 对外开放水平稳步提升

受新冠疫情、中美经贸摩擦、地缘政治冲突、企业外迁等因素影响，2022 年双城经济圈提升对外开放水平指标得分为 93，较 2021 年下降 7.6 个点，但开放型经济发展的韧性和潜力依然强劲。一是对外贸易保持稳步增长。在两江新区、天府新区等国家级开发开放平台带动下，川渝两地进出口规模不断扩大。2016—2022 年，川渝进出口总额由 0.74 万亿元增长至 1.82 万亿元，占全国比重由 3.0% 提高至 4.3%。其中，受新冠疫情和复杂严峻的外部形势影响，该比重由 2020 年的 4.5% 下降至 4.3%（见图 1-5-39）。二是实际利用外资有所减弱。受中美贸易争端、外资产能或订单外迁等影响，2016—2022 年，川渝实际利用外商直接投资额总体呈下降趋势，由 107.7 亿美元下降至 53.9 亿美元，占全国比重由 8.6% 下降至 2.8%①（见图 1-5-40）。

① 2020 年，川渝实际利用外商直接投资额占全国比重为 3.2%。

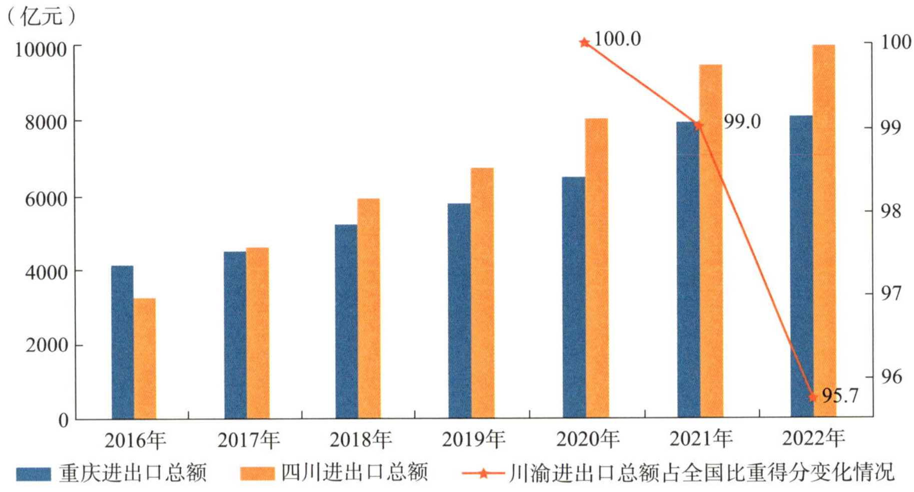

图 1-5-39　川渝进出口总额及占全国比重指标得分变化情况

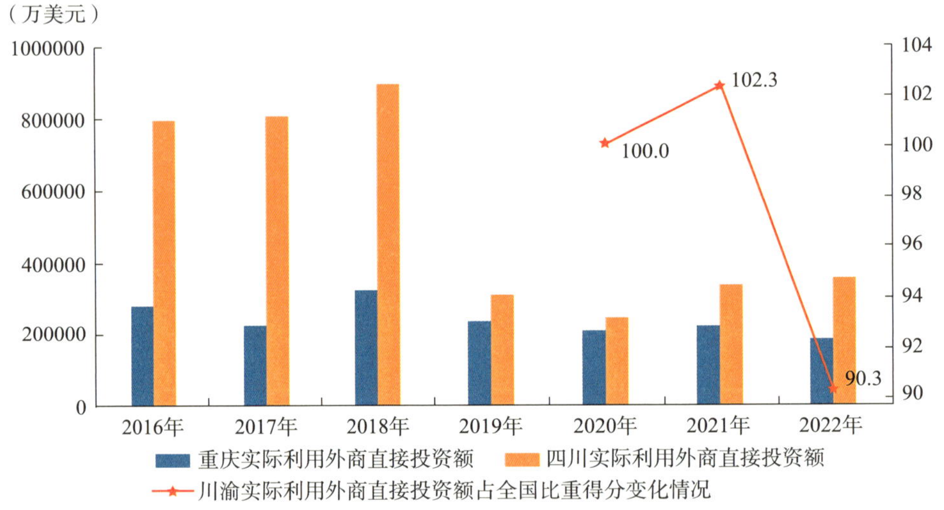

图 1-5-40　川渝实际利用外商直接投资额及占全国比重指标得分变化情况

2. 对外通道运力持续释放

川渝两地以共建“一带一路”为引领，打造陆海互济、四向拓展、综合立体的国际大通道，内陆开放枢纽加快形成，2022 年共建对外开放通道指标得分 132.1，较 2021 年提高 18.4 个点。一是西部陆海新通道加快建设。西部陆海新通道辐射范围已覆盖 119 个国家和地区的 393 个港口，2022 年川渝西部陆海新通道三种主要运输组织方式共运输货物量 22.1 万标准箱，比 2020 年增长

93.6%，占全国的29.2%，占比与2021年基本持平（见图1-5-41）。二是中欧班列（成渝）高质量发展。中欧班列（成渝）已稳定运行线路50余条，实现运营标识、基础运价、车辆调度“三统一”，2022年开行班列5298列，比2020年增长6%，占全国比重超30%，开行班列数、货值均居全国第一（见图1-5-42）。三是与“一带一路”贸易往来更加密切。中新（重庆）战略性互联互通示范项目成为“一带一路”国际合作的一张“金名片”，“一带一路”科技创新合作区建设稳步推进。2020—2022年，川渝两地对“一带一路”沿线国家进出口总额由4207亿元增长至6002.72亿元，占全国比重达到4.34%（见图1-5-43）。

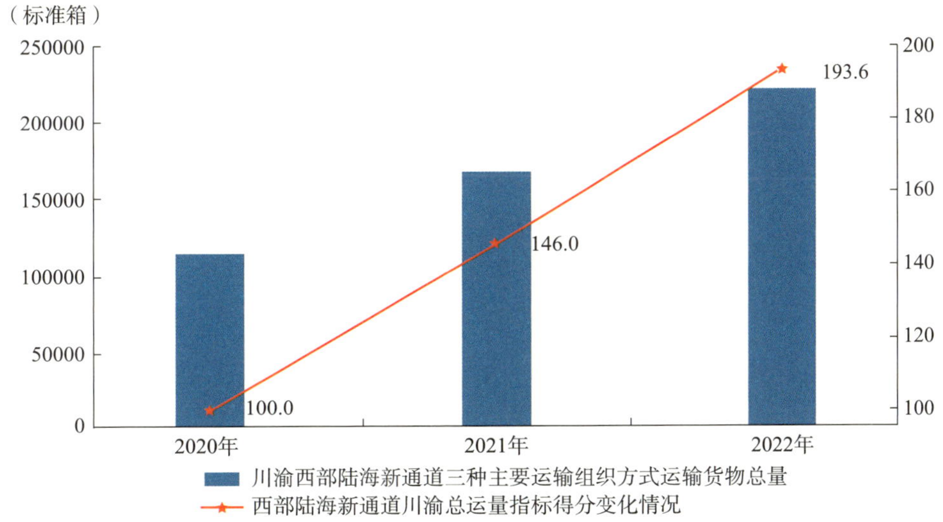

图1-5-41　川渝西部陆海新通道班列累计发送货物量及指标得分变化情况

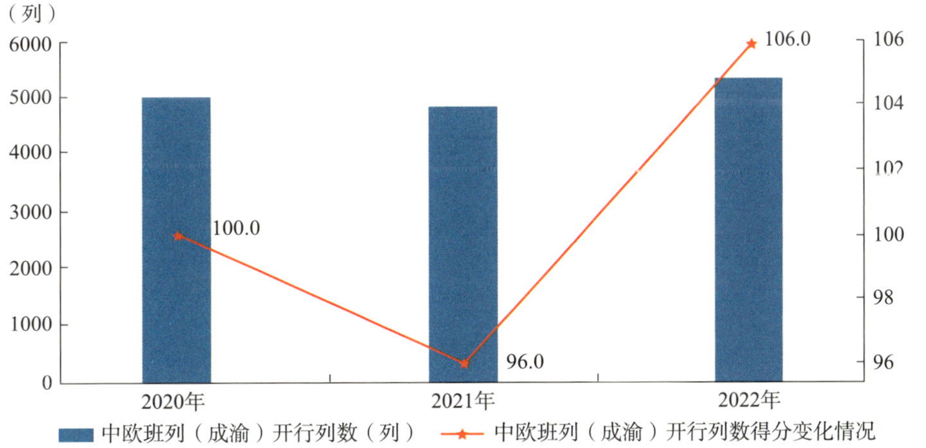

图1-5-42　中欧班列（成渝）开行数量及指标得分变化情况

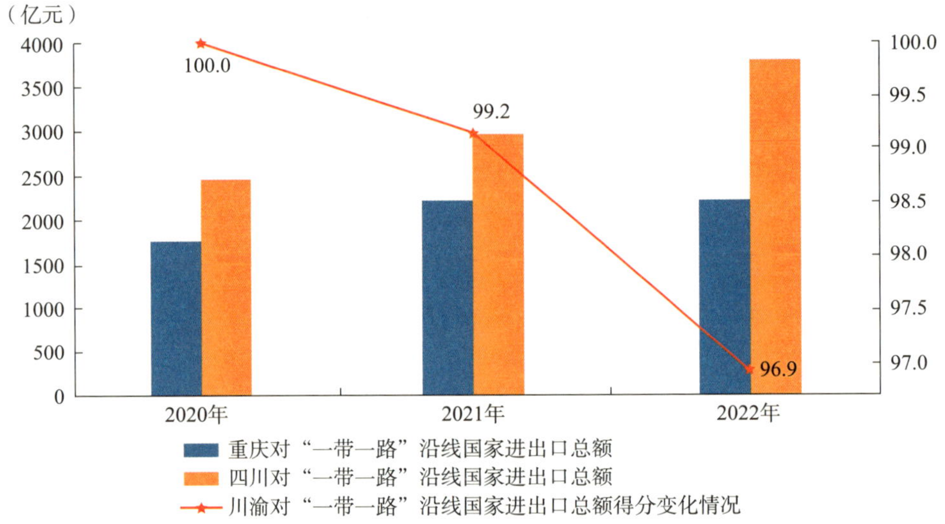

图 1-5-43　川渝对“一带一路”沿线国家进出口总额及指标得分变化情况

3. 统一大市场加快构建

川渝两地已形成市场准入“异地同标”、企业跨省市“一键迁移”、共建跨省公平竞争审查协作机制等经验做法，资源要素成本、价格差异有所缩小，2022 年双城经济圈共建统一大市场得分为 102.4，较 2021 年提高 7.9 个点。一是统一消费大市场加快建设。川渝共建消费维权信息共享、消费纠纷联合处理、异地维权救助等机制，联合制定消费维权管理办法，在消费教育、比较试验、消费体察等方面开展系列合作，2022 年川渝两地消费者价格指数差异有所收窄，差异系数由 2021 年的 1.98 下降到 1.91（见图 1-5-44）。二是统一劳动力市场加快构建。联合发布川渝人力资源市场工资价位和行业人工成本信息，“川渝合作‘职’等您来”求职招聘专区为两地 1.4 万家企业提供招聘岗位 74.5 万个。川渝两地月最低工资标准首次协同提高至第一档 2100 元/月。2022 年，重庆、四川企业人均人工成本中位数分别为 6.59 万元、7.66 万元，川渝企业人工成本差异由 2021 年的 0.1169 减少到 0.1062（见图 1-5-45）。三是统一物流大市场加快构建。推进公路五定（定点、定线、定车次、定时、定价）集装箱货运班车开行，试点开行重庆主城至成都货运专线，货运物流效率大幅提高。常态化开行嘉陵江干支直达集装箱班轮，泸州港 90% 以上的集装箱通过重庆中转。成安渝、泸渝、荣泸、巴广渝、达渝、南大梁等高速公路服务区充电桩设施建设加快推进。2022 年重庆、四川公路物流运价指数分别为 106.8、94.3，运价差异由 2021 年的 0.1071 减少到 0.0876（见图 1–5–46）。

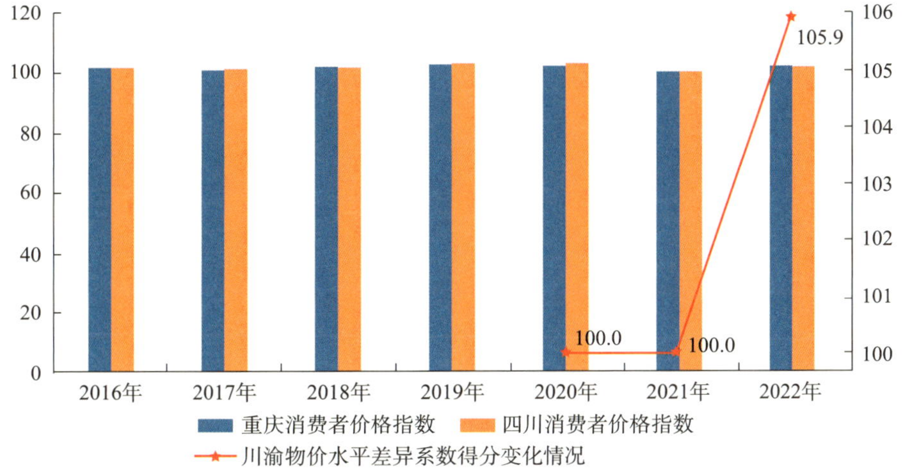

图 1–5–44　川渝消费者价格指数及物价水平差异系数指标得分变化情况

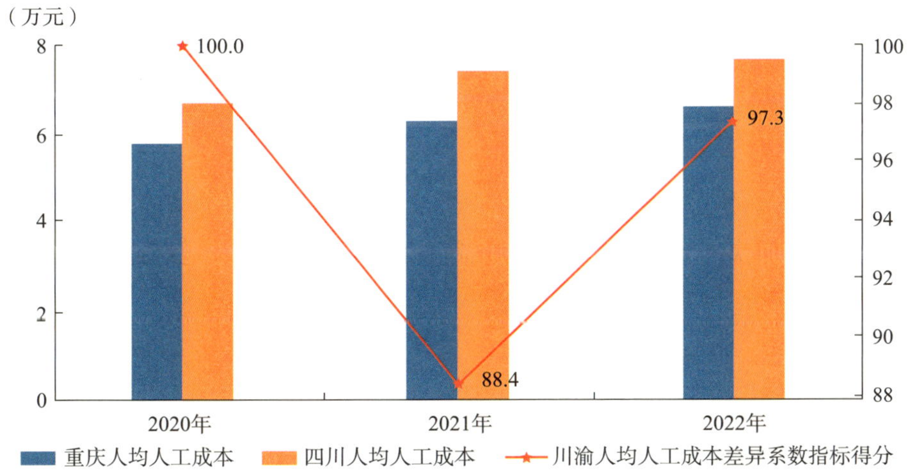

图 1–5–45　川渝企业人均人工成本中位数及人工成本差异系数指标得分变化情况

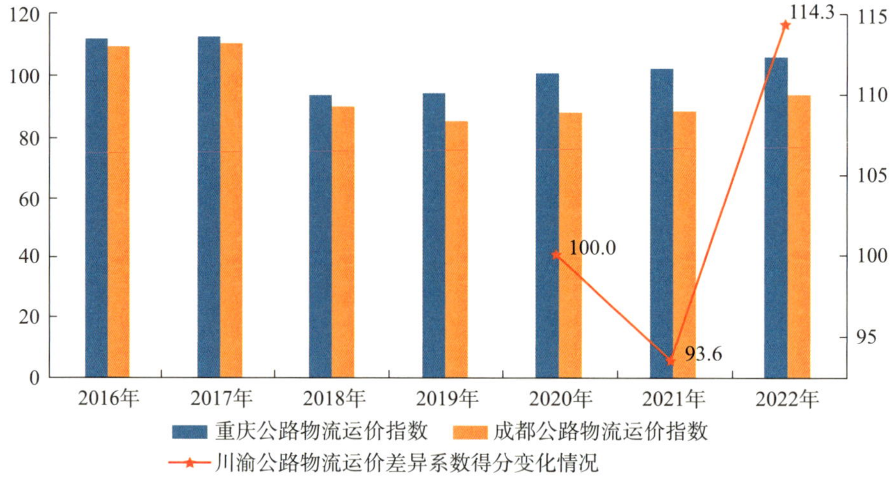

图 1-5-46　成渝公路物流运价指数及运价差异系数指标得分变化情况

4. 经济区与行政区适度分离改革有序推进

全国首个跨省共建的省级新区——高竹新区建设经验获得国家推广，毗邻地区体制机制改革成果不断丰富。一是顶层设计逐步完善。川渝联合印发经济区与行政区适度分离改革方案，明确重大事项一体推进、创新政策协同联动、资源要素统筹配置、共建共赢利益联结等重点任务，以毗邻地区合作平台为切入口，探索一体化发展经验路径。二是税收分成利益分享机制探索取得进展。高竹新区制定存量锁定及过渡期运行管理方案，明确共投、共建、共享利益分配机制，成立全国首个跨省税费征管服务中心。遂潼川渝毗邻地区一体化发展先行区统一两地新办纳税人发票核定标准。万达开制定跨区域合作项目财税利益分享机制的指导意见，明确 7 类财税政策分享方案。三是协同制定地方标准取得进展。两地已联合制定《成渝地区双城经济圈生态环境标准编制规范》《智慧高速公路》《川渝地区公共机构能源审计报告编制规范》《川渝区域一体化公务用车社会化保障管理规范》《公共信息资源标识规范》《美丽巴蜀宜居乡村示范带村容村貌提升规范》《公路边坡主动网锚喷植被混凝土生态防护技术指南》等区域地方标准。

（九）推动城乡融合发展指数

在国家城乡融合发展试验区重庆西部片区、成都西部片区改革牵引下，川渝两地常住人口城镇化率持续提高，城乡居民收入、就业、人均消费、消费结构等差异也不断缩小，城乡空间、经济、社会融合度有所提高，2022 年推动城乡融合发展指数达到 108.8，较 2021 年提高 11.5 个点（见图 1-5-47）。

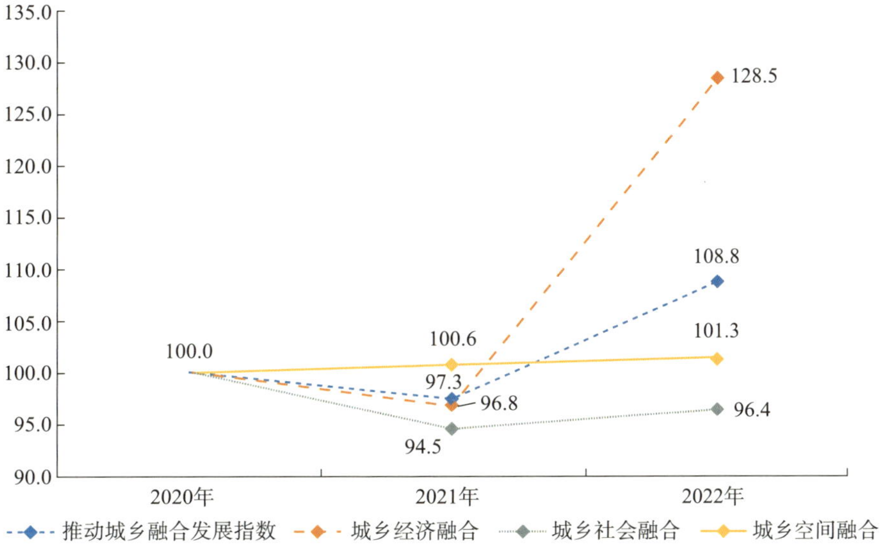

图 1-5-47　2020—2022 年推动城乡融合发展总指数及 3 项分指数变化情况

1. 城乡经济融合推动有力

川渝两地聚焦平台建设和多元乡村经济发展，加快建设现代高效特色农业带，实现第一、二、三产业融合互动发展。2022 年城乡经济融合指标得分 128.5，较 2021 年提高 31.7 个点。一是乡村经济加快发展。截至 2022 年底，川渝两地累计创建国家级优势特色产业集群 7 个，重庆建成 8 个国家现代农业产业园，四川创建 15 个国家级农业园区，川渝两地累计培育国家农业产业强镇 113 个。二是城乡消费差距逐步缩小。川渝城乡居民生活水平稳步提升，消费差距逐步缩小，2022 年，川渝城乡居民人均消费支出差异系数为 0.3552，分别较 2016 年、2020 年下降 0.13、0.02。川渝城乡居民人均消费支出及城乡消费差异系数指标得分变化情况见图 1-5-48。三是城乡消费结构不断优化。体现居民发展型消费需求的教育文化娱乐消费支出日益提升。重庆、四川城镇居民人均教育文化娱乐消费支出占比分别由 2020 年的 10%、9.0% 提高至 2022 年的 10.3%、9.5%；农村居民人均教育文化娱乐消费支出占比分别由 2020 年的 9.1%、7.4% 提高至 2022 年的 9.9%、8.2%（见图 1-5-49）。

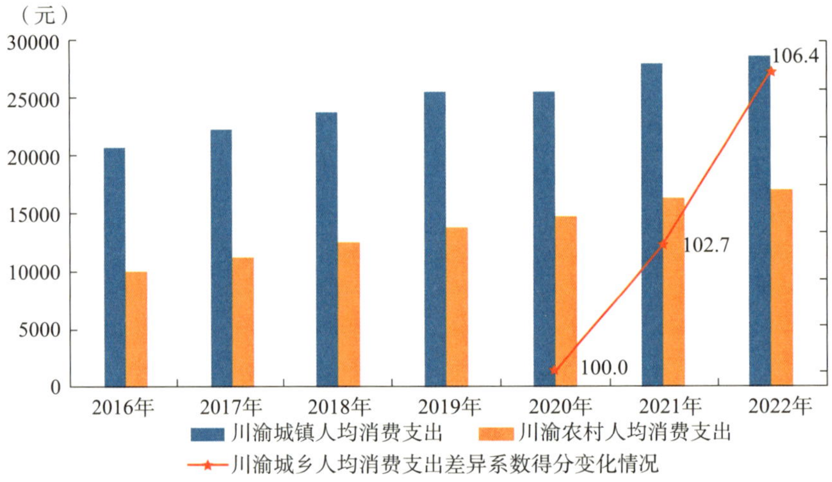

图 1-5-48　川渝城乡居民人均消费支出及城乡消费差异系数指标得分变化情况

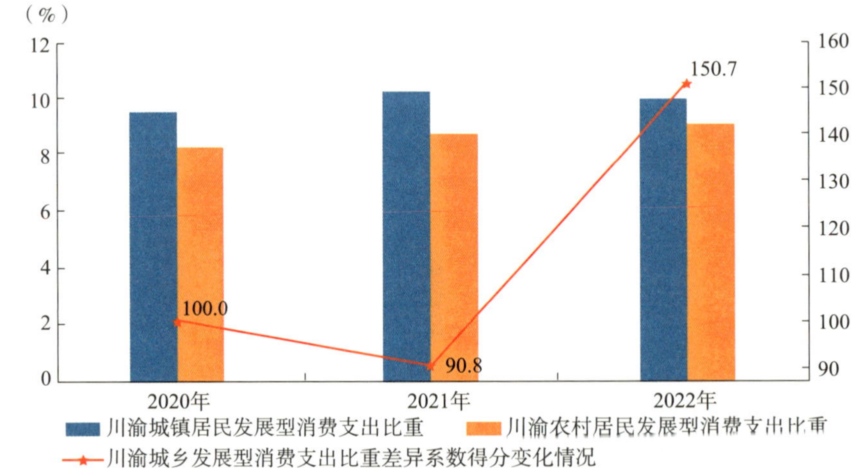

图 1-5-49　川渝城乡居民发展型消费支出占比及支出差异系数指标得分变化情况

2. 城乡社会融合取得实效

聚焦完善要素市场化配置体制机制，推动人口、土地和资金在城乡间自由流动，推动城乡公共服务普惠共享取得积极进展。2022 年城乡社会融合指标得分 96.4，较 2021 年提高 1.9 个点。一是城乡居民收入差距缩小。大力实施产业增收、技能培训增收、创新促创业增收、帮扶增收、转移促就业增收等富民工程，农村居民收入大幅增长。2016—2022 年，川渝城镇、农村居民人均可支配收入分别由 28748 元、11278 元提高至 43957 元、18807 元[①]。2022 年，川渝城乡居民人均可支配收入差异系数为 0.3552，分别较 2016 年、2020 年下降 0.05、0.02（见图 1-5-50）。二是城乡就业结构持续改善。开展农村致富带头人培养行动，引导农民工返乡就业创业，2022 年川渝两省市新增返乡入乡创业人数超 10 万人。2020—2022 年川渝城镇就业人员数量由 3589 万人增加至 3595 万人，乡村就业人员数量由 2832 万人减少至 2755 万人，城乡就业结构从 55.9：44.1 调整优化为 56.6：43.4，城镇吸纳就业的能力不断提升（见图 1-5-51）。三是城乡公共服务普惠共享。城乡义务教育一体化发展试验区建设快速推进，江北区、成都市武侯区等 10 个县（区）入选全国义务教育优质均衡先行创建县。基层医疗卫生机构标准化建设加快，养老服务政策衔接、标准共享、监管协同、资质互通互认加快探索。进一步扩大川渝社保卡应用目录规模，实现一卡多用、川渝通用。

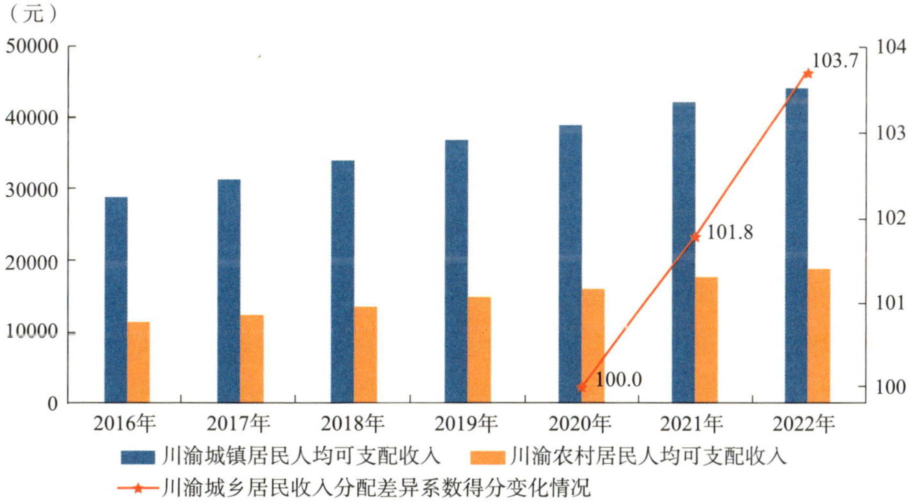

图 1-5-50　川渝城乡居民人均可支配收入及收入分配差异系数指标得分变化情况

① 2020 年，川渝城镇、农村居民人均可支配收入分别为 38813 元、16021.1 元。

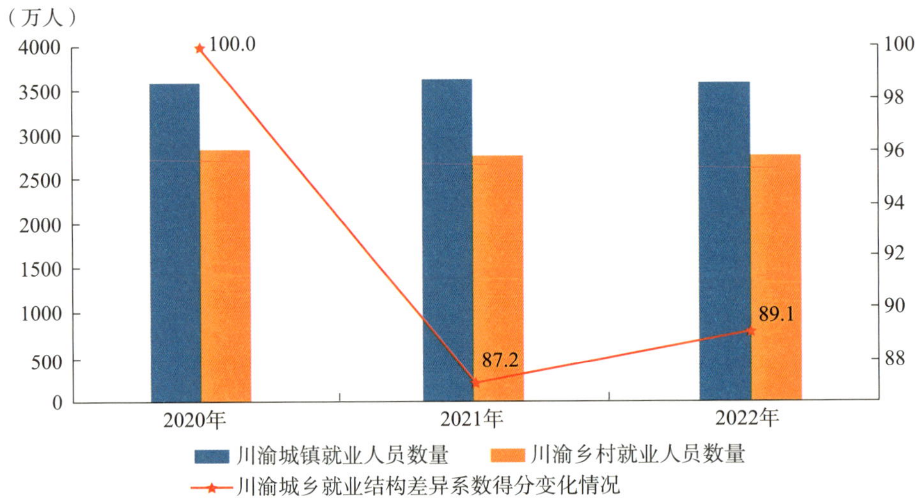

图 1-5-51 川渝城乡就业人员数量及城乡就业结构差异系数指标得分变化情况

3. 城乡空间融合持续优化

川渝两地协同推动城乡空间一体化规划，城乡空间加快重塑，城乡发展更趋协调。2022 年城乡空间融合指标得分 101.3，较 2021 年提高 0.7 个点。一是城镇体系日益完善。双城引领、大中小城市和小城镇协同发展的空间格局加快构建，重庆、成都进入现代化国际都市行列，绵阳、自贡、南充、宜宾、万州等市区城区人口均超过百万人；绵阳、宜宾 GDP 总量均超过 3000 亿元。2022 年重庆中心城区、成都之外城市 GDP 45414.02 亿元，占双城经济圈的 58.5%，占比较 2021 年提高 0.2 个百分点（见图 1-5-52）。二是城乡人口分布更趋合理。重庆、成都都市圈内户籍准入年限同城化累计互认，务工落户条件进一步放宽，全面落实户口迁移、新生儿入户等 5 项户籍迁移便利化政策，城乡人口流动更加便捷。川渝城镇化水平不断提升，2022 年川渝常住人口 11587.34 万人，常住人口城镇化率 61.8%，较 2021 年提高 0.5 个百分点（见图 1-5-53）。三是城乡基础设施配置持续优化。美丽巴蜀宜居乡村示范带先行区建设加快推进，城镇基础设施加快向乡村延伸，共创建四好农村路全国示范县 27 个，水、电、路、通信基础设施网络实现城乡全覆盖。

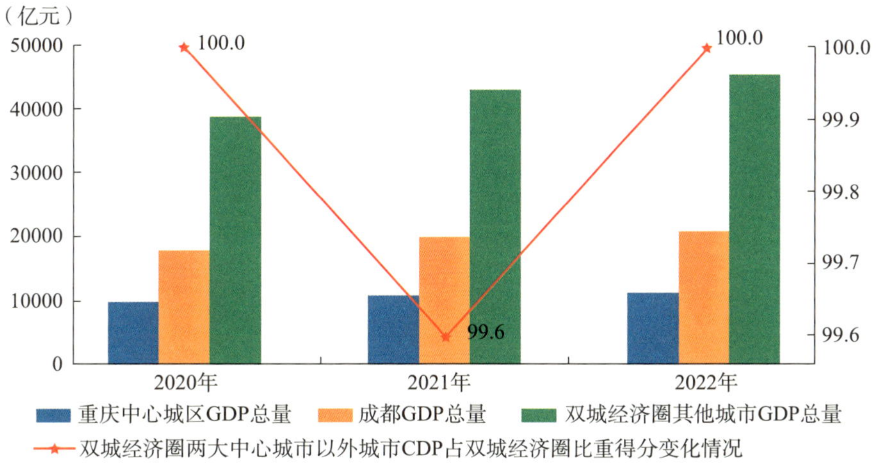

图 1-5-52 川渝两大中心城市 GDP 及以外城市 GDP 占双城经济圈比重指标得分变化情况

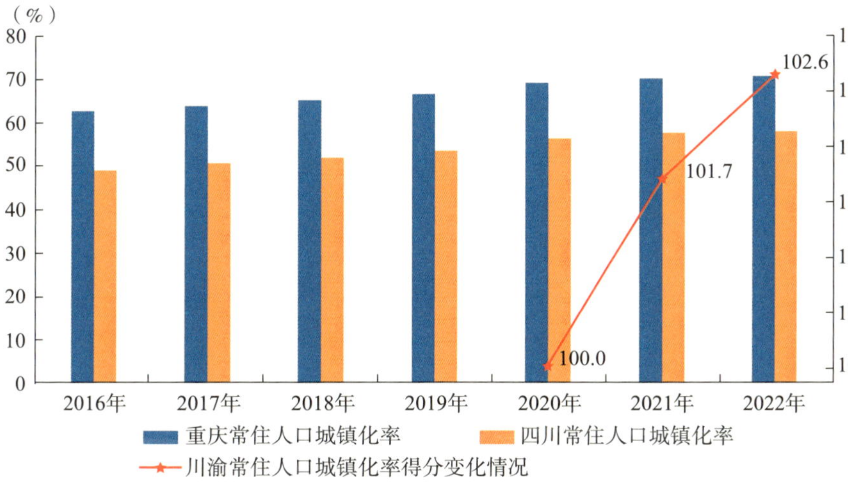

图 1-5-53 川渝常住人口城镇化率及指标得分变化情况

（十）公共服务便利共享指数

随着双城经济圈便捷生活行动、“川渝通办”政务服务等事项深入推进，公共服务便利化水平不断提升，人民群众获得感、幸福感、安全感不断增强，2022 年公共服务便利共享指数达到 137.8，较 2021 年上升 24.9 个点（见图 1-5-54）。

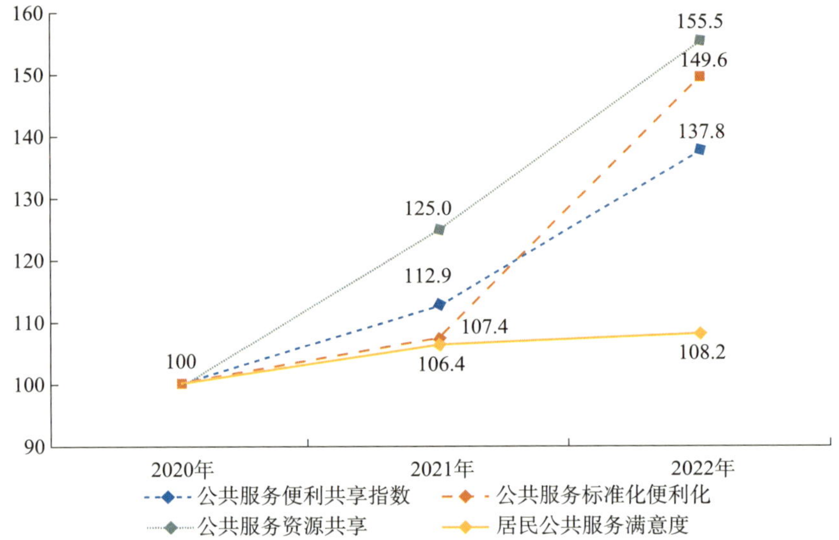

图 1-5-54　2020—2022 年公共服务便利共享总指数及 3 项分指数变化情况

1. 便民共享机制不断推广

川渝两地积极推动公共服务领域标准化便利化，不断深化拓展便民利民事项，持续扩大民生保障覆盖面，2022 年公共服务标准化便利化指标得分 149.6，较 2021 年大幅提高 42.2 个点。一是公共服务便利化水平稳步提升。川渝联合推动实施两批次“便捷生活行动事项”，43 项措施加快落实，便捷事项清单化管理制度和更新机制不断健全完善。联合发布 3 批 311 项“川渝通办”事项，重庆市“渝快办”和四川省“天府通办”政务服务平台联合开设“川渝通办”线上服务专区，2022 年互办业务 48 万件，大力推动同一便民事项在川渝两地无差别受理、同标准办理、行政审批结果互认。“川渝通办”事项数及指标得分变化情况见图 1-5-55。二是聚焦重点领域精准对接服务。两地从人民群众最关心最直接最现实的“身边事”着手，围绕住房保障、户口迁移、就业社保、教育文化、医疗卫生等居民急需领域，推动供需更加精准对接。截至 2022 年底，累计办理住房公积金川渝跨省异地转移接续 1.55 万人次，其中 2022 年新增 7735 人次。2022 年新增量基本等于 2020 年、2021 年新增量之和（见图 1-5-56）。

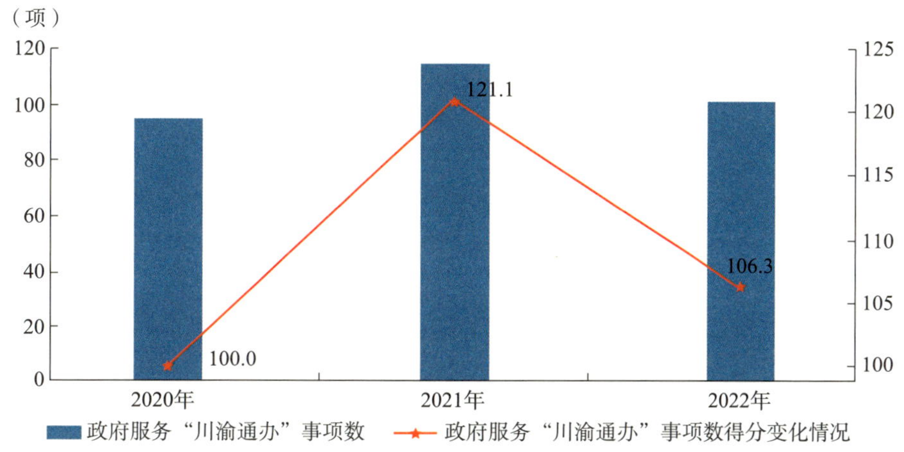

图 1-5-55　“川渝通办”事项数及指标得分变化情况

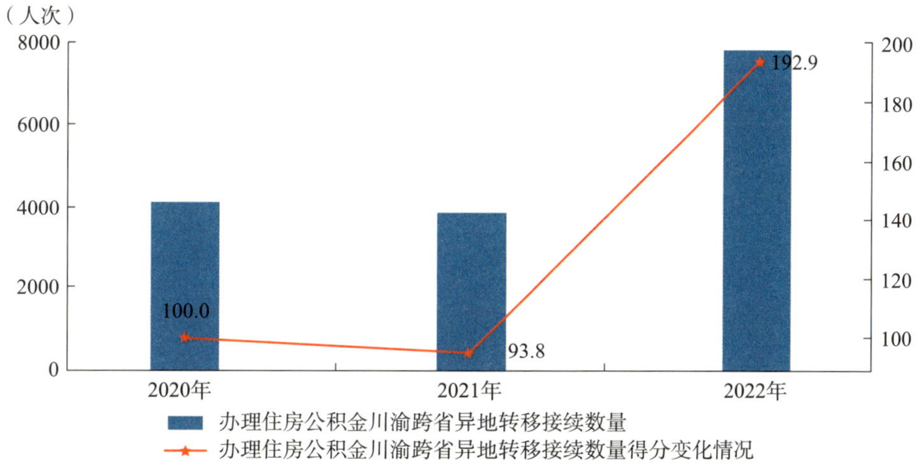

图 1-5-56　住房公积金川渝跨省异地转移接续数量及指标得分变化情况

2. 资源服务共享不断扩大

川渝两地协同提升优质公共服务供给质量和水平，更好地满足群众对多层次多样化个性化公共服务的需求，2022 年公共服务资源共享指标得分 155.5，较 2021 年提高 30.5 个点。一是公共交通协同服务持续增强。两地推进高铁公交化，推出成渝城际 30 日定期票、20 次计次票、“铁路 e 卡通”等多样化票制，成渝高铁日均开行列车 125 对。推进公交客运便利化，实现成都主城与重庆中心城区公共交通“一卡通”“一码通”，川渝公共交通“一卡通”发放数量由 2020 年的 50.7 万张上升到 98.5 万张，三年累计发放达到 221 万张（见图 1–5–57）。二是教育医疗共建共享扎实推进。两省市将外来务工人员子女义务教育纳入城镇发展规划和财政保障范围，深入推进中小学、幼儿园教师、校（园）长挂职交流，共同推进义务教育阶段教师“县管校聘”管理、中小学校长职级制等重大改革，推动优质中小学（幼儿园）开展跨省域合作。推进川渝 291 家二级及以上公立医院 112 项检查检验结果互认，1726 家医疗机构实现川渝电子健康卡“扫码就医”，累计跨省市用卡 62 万余次，川渝住院费用跨省异地就医直接结算率由 2020 年的 60% 上升到 2022 年的 70%（见图 1–5–58）。三是文化体育社保等领域合作全面深化。推动“川渝阅读一卡通”，129 家图书馆凭社保卡实现通借通还，累计整合图书资源 738 万册。实现川渝养老保险关系转移实现“零跑路”或就近一次办。互办养老、失业保险关系无障碍转移接续累计达到 9.9 万人次，完成养老、工伤保险待遇资格“就地认”累计超 18.7 万人次。四是应急联动合作不断加强。加快编制成渝地区 2 小时应急救援圈专项规划，国家西南区域应急救援中心加快建设。在全国率先建立跨区域献血机制，开展 2023 年重庆—四川卫生应急队伍联合演练。深化国防动员和人民防空领域合作，率先在全国实施人防设备销售放开的企业达到 22 家。

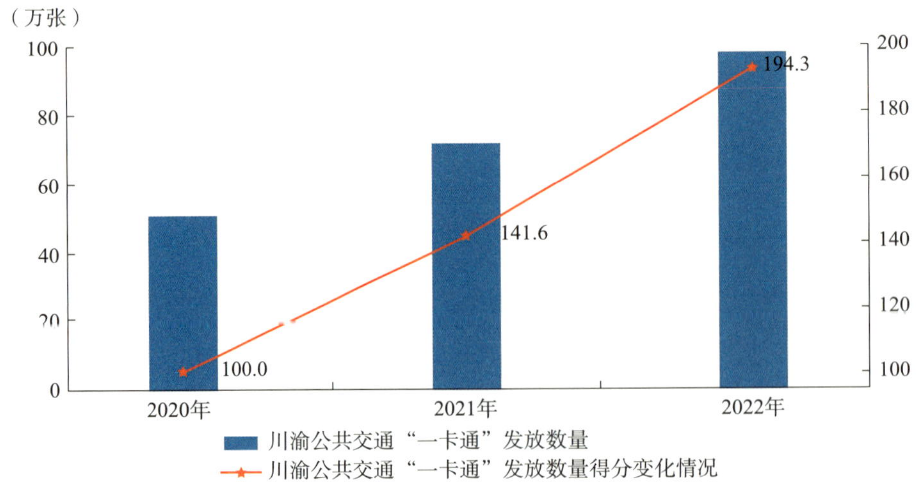

图 1–5–57　川渝公共交通“一卡通”发放数量及指标得分变化情况

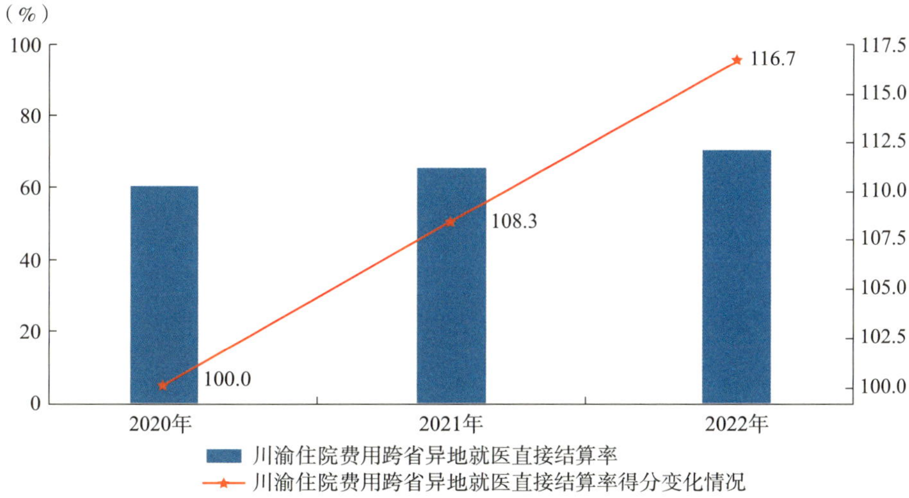

图 1-5-58 川渝住院费用跨省异地就医直接结算率及指标得分变化情况

3. 服务满意度稳步提高

随着公共服务惠及群体越来越大，跨省市服务更加便捷，川渝居民对公共服务一体化建设的满意度水平稳步提高，2022 年居民公共服务满意度指标得分 108.2，较 2021 年提高 1.8 个点。一是公共服务群众满意度持续提高。西部大数据前沿应用研究院川渝公共服务便利共享舆情分析数据显示，川渝公共服务便利共享群众满意度逐年提高，2020—2022 年群众满意度分别为 91.24%、97.05%、98.76%，上升 7.52 个百分点，公共服务共建共享多点突破，获得了群众的高度认可（见图 1-5-59）。二是教育文化等领域群众满意度最高。2022 年群众满意程度最高的公共服务领域为就业社保、教育文化、“一卡通”等领域，而 2020—2022 年群众满意度提升最大的是教育文化、交通通信、“一卡通”等领域，一定程度上反映了群众对教育文化、“一卡通”方面的共建共享获得感最强。

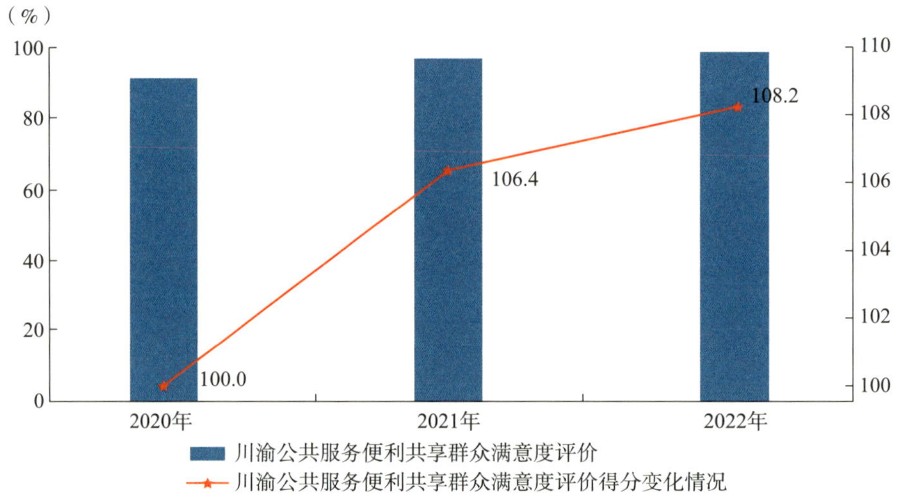

图 1-5-59 川渝公共服务便利共享群众满意度评价及指标得分变化情况

六、对策建议

（一）构筑双城经济圈发展新格局

着眼于一体谋划和协调共进，共下区域联动“一盘棋”，加强“双核”联动，深化双圈互动，促进两翼协同，辐射带动两省市全域发展，努力在融入和服务新发展格局上实现更大突破。一是加强成渝“双核”联动联建。全面落实“1+5”合作协议，携手推出一批重大项目、重大改革和重大政策，重点加强重庆主城都市区和成都市协同建设，集聚高端产业、科技创新、门户枢纽、综合服务等核心功能，增强在全球范围集聚和配置高端资源要素能力，协同提升经济实力、发展活力和国际影响力。二是推动成渝“双圈”协同互动。加快推动重庆西进、成都东扩，统筹推进渝西八区和川中八市建设，培育若干承接成都和重庆两大中心城区功能外溢、辐射带动周边的区域性中心城市、外围组团和卫星城市，夯实成渝主轴发展基础。完善双圈同城化发展体制机制，推动在区域规划、基础设施、产业布局、生态环保、公共服务、招商引资等方面协同互动，促进重庆都市圈与成都都市圈高效衔接。三是辐射带动两省市全域发展。以“双核”联动为引领，强化双城经济圈对川渝其他地区辐射带动，推进重庆“一区两群”与四川“五区共兴”规划对接、设施联通、产业协作、改革联动，促进通道、平台、政策共享。科学制定辐射带动川渝两省市全域发展以及联动贵州、云南等周边区域的空间策略，推动秦巴山区、武陵山区、乌蒙山区、涉藏州县、大小凉山片区因地制宜、协调发展。

（二）提升基础设施互联互通水平

加快共建成渝世界级机场群、合建轨道上的双城经济圈、完善双城经济圈公路网络、联建长江上游航运枢纽，着力提升基础设施互联互通水平。一是持续拓展对外大通道。着力推进成渝地区双城经济圈与京津冀、长三角、粤港澳大湾区以及北部湾（东盟）、西藏（南亚）、新疆（欧洲、中亚）等国际综合运输大通道建设。加快成渝中线、渝昆、渝西、渝万、成达万和渝湘高铁重庆至黔江段等6条高铁建设。推动成渝地区高铁网络高效融入国家“八纵八横”高铁主通道，实现1小时成渝双核直连、3小时毗邻省会互通、6小时北上广深通达。二是合力打造世界级机场群。共同向上争取航权航班配额支持，共促基地航司以两市机场为枢纽开发国际航线网络。建成江北机场T3B航站楼及第四跑道，加快推动重庆新机场准备工作，提升支线机场服务能级。支持区县根据产业发展、旅游需求、应急需要分类布局通用机场，积极拓展通用机场功能，探索开展通用航空短途运输试点。三是共建轨道上的双城经济圈。突出推动干线铁路、城际铁路、市域（郊）铁路和城市轨道“四网融合”发展，适度超前谋划川渝城际铁路网、双核城市市域（郊）铁路网、城市轨道网建设。推动开展成渝轨道交通项目合作，提速推进重庆都市圈、成都都市圈轨道交通网络建设。优先利用既有铁路开行市域（郊）列车。四是完善双城经济圈公路网络。加快推动重庆“四环二十二射六十联线”高速公路网建设。共同实施成渝高速公路扩容工程，共建成渝跨境公路运输联盟。加密升级干线公路网，持续建设毗邻地区“四好农村公路”，着力打通断头路、畅通“微循环”。五是共同建设长江上游航运枢纽。加快畅通重庆“一干两支”以及四川岷江等航道主骨架，统筹推进支流航道成网。积极推进三峡水运新通道启动建设。加快嘉陵江利泽、乌江白马、渠江风洞子、岷江龙溪口、岷江东风岩等航电枢纽建设。加强成渝地区航运体系统筹分工协作，打造层次分明、功能互补的世界级内河港口集群，推动重庆果园港在成都经开区合作建设“无水港”。

（三）增强现代产业协同发展质效

抢抓全球产业链供应链重塑机遇，协同打造优势产业集群、培育优质企业，立足比较优势，全面提升成渝地区双城经济圈产业能级。一是协同打造优势产业集群。聚焦重庆“33618”产业集群、四川六大万亿元级产业集群细分领域，争取中央企业集成电路、新型显示、工业母机、大型成套装备、大宗材料等重大产业项目布局。重点打造汽车和电子信息两大万亿元级世界级产业集群，提速推进成渝氢走廊、电走廊、智行走廊等“三走廊”应用场景建设，推动“芯屏器核网”优势产业提质增效。协同前瞻谋划区块链、人工智能、空天信息、生命科学、未来材料、氢能新型储能等一批未来产业集群。协同建设现代高效特色农业带和现代服务业集聚区。二是推动数字经济加快发展。深入推进成渝地区工业互联网一体化发展示范区建设，持续建设网络基础设施，打造一批数字化车间、智能工厂、5G全连接工厂。培育一批“专精特新”中小企业和单项冠军企业，发展大数据、先进计算、数字内容、区块链等数字产业。共建数字化应用场景开放创新平台、产业数据底座平台，加快中小企业数字化转型。三是聚焦强链延链深化协同招商。共同完善“成渝地区双城经济圈产业图谱”，共建招商清单、补缺清单、替代清单、培育清单等协同招商重点任务清单，促进川渝两地招商引资数据共享，通过协同招商提升区域产业协同能力和产业链供应链现代化水平。

（四）加强科技创新攻关协同合作

围绕“国家所需、成渝所能”，进一步强化川渝两地科技创新平台共建共享，协同培育战略科技力量，共同建设具有全国影响力的科技创新中心。一是高质量建设西部科学城。优化“一城多园”西部科学城建设，加快建设四川兴隆湖片区、重庆金凤片区成渝综合性科学中心。围绕前沿领域、交叉领域和战略性新兴领域争取更多国家战略科技力量布局，加快建设超瞬态实验装置、电磁驱动聚变等重大科技设施。以实验室体系为战略支撑，强化双核协同创新，联合争取一批全国实验室、国家技术创新中心等重大创新平台落地。二是持续优化协同创新生态。做强川渝科技资源共享服务平台，协同共建国家科技成果转移转化示范区、“一带一路”科技创新合作区和国际技术转移中心，加快川渝技术交易市场一体化建设，持续增进与“一带一路”沿线国家和地区的科技创新合作。推进成渝中线以及川渝毗邻地区的“一廊一带”区域协同创新布局，加快建设万达开技术创新中心，合力打造一批原始创新集群和策源地。三是协同推进关键核心技术攻关。合力推动设立联合攻关基金，推进定向择优、定向委托与“揭榜挂帅”相结合，加强项目、人才、基地、资金一体化配置。谋划和实施川渝联合重点研发项目，聚焦汽车芯片、动力电池、高分卫星、生命科技等领域，努力攻克一批“卡脖子”关键核心技术问题。持续推进高价值专利育成中心建设，培育一批高价值核心专利和专利组合。

（五）共塑文化旅游融合联动品牌

立足巴蜀文化特色、资源禀赋，围绕“打造国际范、中国味、巴蜀韵的世界级休闲旅游胜地”目标，共塑巴蜀文化旅游品牌，努力提升巴蜀文化旅游品牌在全国的辨识度和影响力。一是促进文旅业态融合创新。推动现有旅游演艺、主题公园、红色旅游、节庆会展等业态转型升级，着力培育融合发展的新型业态。因地制宜发展工业旅游、乡村旅游、康养旅游、体育旅游、生态旅游、邮轮游艇旅游、自驾车旅居车旅游等业态，把文化元素、美术元素、艺术元素广泛应用到城乡规划建设中，拓展文化旅游空间载体。二是打造区域一体化文旅市场。坚持合作共赢理念，推动川渝资源共享、政策互利、市场互动、客源互送、品牌共塑。打破要素资源配置的地域空间行政壁垒，吸引更多优质文化旅游企业集聚，打造统一开放的川渝文旅大市场。推动以重庆主城都市区和成都双核为驱动，以成渝古道、长江上游、成绵乐三条旅游带为串联，串接生态旅游大环线，推动川渝特色旅游区合作联动发展。三是做精做强巴蜀特色文旅品牌。持续提升长江三峡，重庆南川金佛山、武隆喀斯特、大足石刻、铜梁龙舞、丰都庙会，以及四川大九寨、大峨眉、大熊猫、大遗址等文化旅游品牌影响力，实质性推进“解放碑和春熙路”等融合品牌宣传营销。加强以国家5A级旅游景区为核心的旅游资源整合、产品培育和开发管理，推动景区与城区、社区、园区一体化发展。

（六）加强生态环境共保联治建设

围绕“守好山、治好水、育好林、理好田、净好湖、植好草、护好鱼”，协同推进全域生态保护与修复，加强污染防治，共同筑牢长江上游重要生态屏障。一是协同加强生态环境保护和修复。共同争取国家重大生态项目，统筹推进山水林田湖草系统治理，提质建设“两岸青山・千里林带”。加强国家森林公园、国家自然保护区等重要生态节点保护，探索建立成渝地区生物样本库联盟。合理布局绿地生态空间，丰富城镇生态节点，完善山清水秀的生态空间体系。二是持续强化污染协同防治。推动生态环境监测网衔接融合，扩大水、气、土等环境质量数据共享范围。持续加强川渝跨界河流水环境治理，健全联合巡河和督查执法机制。加强重污染天气应急响应一体联动，联合实施空气质量预警预报和治霾科技攻关，开展细颗粒物和臭氧协同控制。共建“无废城市”，持续拓展跨省市转移“白名单”简化审批的危险废物种类和覆盖企业。三是协同推动绿色低碳发展。持续实施碳达峰碳中和联合行动，联合打造绿色技术创新中心和绿色工程研究中心，共同开展节能降碳新技术、污染防治新方法、新型环保材料、绿色低碳循环利用等关键核心研发应用。争取参与全国碳市场联建。推动重庆国家级绿色金融改革创新试验区高水平建设，优化运行重庆“碳惠通”生态产品价值实现平台和成都“碳惠天府”绿色公益平台。深入开展两江新区、天府新区国家气候投融资试点，创建国家级生态文明建设示范区、“绿水青山就是金山银山”实践创新基地，促进人与自然和谐共生。

（七）联手建设内陆改革开放高地

以共建“一带一路”为引领，加快国际开放大通道、内陆开放平台建设，大力发展开放型经济，不断提升制度型开放水平和重点领域改革力度，努力形成更多改革开放成果。一是提升对外开放能级。深化中欧班列、西部陆海新通道沿线地区产业链供应链合作，深入推进“一单制”，加强铁路与海运规则对接，拓展多式联运、国际贸易和金融增值服务。持续完善班列开行组织，优化综合重箱率、开行成本、开行效率。共推长江黄金水道挖潜增效，探索组建长江上游港口联盟。携手推进制度型开放，促进自贸试验区与综保区、国家级经开区、国际合作园区、跨境电商综试区“五区联动”。二是促进要素跨区域流动。共同争取要素市场化配置综合改革试点，深化土地制度改革，建立建设用地指标统筹管理机制，协同制订跨行政区重大项目用地计划。建设川渝人力资源协同发展试验区。共同推进区域金融改革，加强在区域性股权市场创新、跨境金融创新等领域合作。研究数据交易市场规则，探索推动入场交易、评估定价。三是推动区域市场化一体化建设。完善“市场准入异地同标”便利化准入机制，推进川渝两地外资简版公证文书互认互用，实现企业注册登记无差别受理、同标准办理。落实统一的市场准入负面清单制度，共建清单事项与政务服务有效衔接机制。建立信用沟通对接机制，逐步形成统一的信用政策制度和标准体系。健全川渝行政执法联动响应和协作机制，加快实现信息互通、执法互联、结果互认。

（八）推动城乡要素资源融合发展

以实现共同富裕为目标导向，全面深化国家城乡融合发展试验区重庆西部片区、成都西部片区改革探索，统筹城市更新提升和乡村全面振兴，不断拓展城乡高质量发展新空间。一是促进城乡要素高效配置。深化户籍制度改革，努力实现户籍转入年限同城化互认，推动居住证互通互认。探索共建就业创业载体，联合培育全国性劳务品牌。共建区域性继续教育基地、留学人员创业园、博士后创新创业园等人才平台，共同争取专业技术一级岗位试点。全面深化农村土地改革，统筹推进农村宅基地、承包地、集体经营性建设用地等“三块地”改革，共建农村产权流转交易市场。引导社会、金融资本参与城乡建设，重点创新“三农”金融产品供给。二是促进城乡公共资源优化配置。推动城市基础设施向乡村延伸覆盖，优化提升乡村水电路气信基础设施水平，打造巴蜀美丽庭院示范片，扎实推进国家数字乡村试点。推进城乡教育、医疗等公共服务均等化，深化县域医疗共同体和教育联合体建设，推动养老服务共建共享。扩大川渝社保卡应用目录规模，实现一卡多用、川渝通用。三是推动城乡产业协同发展。推进潼南柠檬、重庆柑橘、重庆榨菜三个国家级优势特色产业集群建设，支持万达开联合打造三峡中药材大数据平台，支持涪陵与眉山联合打造全球泡（榨）菜出口基地，协同建设优质水果、牛羊、水产、茶叶、中药材等产业集群。积极创建农业产业强镇、全国“一村一品”示范村镇等，共同推动农业生产提质增效和农业产品价值提升。

（九）提高公共服务共建共享水平

围绕群众急难愁盼问题，找准共同发力点，优化重大社会服务设施布局，迭代升级便捷生活行动，实施更多“川渝通办”事项，不断提高便民利民惠民水平。一是进一步推动优质教育协作。以各阶段优质教育为重点，通过集团化办学等方式，促进两地优质资源深度融合、互促交流和优化配置。合力打造西部职业教育高地，支持川渝高等院校加强重点特色学科教育、科研合作，实现互惠共赢。积极推动毗邻地区校地合作，推进城乡、区域教育一体化发展。以川渝高竹新区为载体，打造教育综合改革“试验田”。二是促进优质医疗卫生资源共享。加快国家医学（医疗）中心建设，共同争取国家职业病医学中心、国家妇产区域医疗中心布局，持续推进国家儿童区域（西南）医疗中心建设，积极共创更多专业类别的国家区域医疗中心。共同建设国家临床重点专科群，建设跨区域专科联盟，持续深化川渝中医药科技创新协作。加强川渝卫生适宜技术推广和应用，共同推进优质医疗资源下沉，提升基层医疗卫生水平。三是拓展公共文体服务新型空间。提升川渝图书馆、文化馆、博物馆、体育馆等共建共用水平，共同培育“成渝地·巴蜀情”文化活动品牌，持续推进川渝阅读“一卡通”工程，协同建设云上博物馆。共同办好成渝双城“铁人三项”赛，打造棋牌、武术、路跑、体育舞蹈等赛事项目合作品牌。四是持续畅通社会保障服务。协同推进社会保障卡“一卡通”立法，打造“一卡通游”“一卡通行”“一卡通购”亮点项目。开展“高质量就业先行区”试点，联合实施川渝“就业服务联动计划”“公共求职招聘互通计划”等重点项目，联合实施“职等您来”“职引未来”“西部农民工返乡创业大赛”等就业创业服务。积极推进基本养老保险关系转移资金定期结算、工伤保险跨省市异地就医结算、新就业形态就业人员职业伤害保障等试点合作。

附录

指标解释

一、一级指标（9 项）

1. 区域经济协调发展指数

区域经济协调发展水平的提升是成渝地区双城经济圈一体化发展的目的导向和结果体现。区域经济协调发展指数围绕《规划纲要》“构建双城经济圈发展新格局”建设要求，聚焦全面提升双城发展能级、综合竞争力，优化双城经济圈协同发展格局等重点内容，从经济发展能级、要素资源引力、区域协调联动 3 个方面 9 项指标反映双城经济圈在全国经济发展格局中的能级和水平，反映其对资源要素吸引集聚能力提升情况，以及川渝两地人流、资金、物流等资源要素紧密联系程度等。

2. 基础设施互联互通指数

基础设施互联互通是成渝地区双城经济圈一体化发展的先导条件和基础保障。按照《规划纲要》“合力建设现代基础设施网络”“构建一体化综合交通运输体系”的主要内容和方向，基于共建成渝世界级机场群、合建轨道上的双城经济圈、完善双城经济圈公路网络、联建长江上游航运枢纽 4 个方面，构建 8 项指标衡量双城经济圈“空、铁、水、公”综合立体交通网络互联互通、无缝对接建设水平。

3. 现代产业协同发展指数

现代产业协同发展是成渝地区双城经济圈一体化发展的根基和关键支撑。现代产业协同发展指数结合《规划纲要》“加快构建高效分工、错位发展、有序竞争、相互融合的现代产业体系”等任务要求的主旨要义，围绕优势产业集群联建、优质企业协同培育、区域产业错位发展 3 个方面 7 项指标来反映川渝两地立足比较优势，挖掘内在特色，形成产业多元化分工协作发展体系情况以及取得的成效。

4. 科技创新共建共享指数

科技创新共建共享是成渝地区双城经济圈一体化发展的内生动力和核心要义。科技创新共建共享指数以《规划纲要》“共建具有全国影响力的科技创新中心”任务内容为遵循，从共建科技创新中心、共享科技创新资源、协同提升创新能力、共促成果转移转化等 4 个方面 8 项指标评估双城经济圈通过加强企业、高校、科研机构、政府等创新主体间的协同互动，组织整合创新资源，共建共享、互赢互利建设成效。

5. 文化旅游融合联动指数

文化旅游融合联动是成渝地区双城经济圈一体化发展市场空间拓展的主要领域。围绕《规划纲要》“打造富有巴蜀特色的国际消费目的地”“激发市场消费活力，不断增强巴蜀消费知名度、美誉度、影响力”等目标任务，构建形成涵盖打造国际消费中心城市、共建巴蜀文化旅游走廊、深化文旅交流合作 3 个方面 6 项指标的指数体系，以资源融合、服务融合、交流推广融合为重点，促进形成双城经济圈文旅优势叠加的良好局面。

6. 生态环境共保联治指数

生态环境共保联治是成渝地区双城经济圈一体化发展的必然要求和关键

环节。生态环境共保联治指数紧扣《规划纲要》“共筑长江上游生态屏障”中“推动生态共建共保”“加强污染跨界协同治理”等目标任务，从生态共建共保、污染协同治理2个方面选择8项指标，衡量川渝共建生态保护、协同污染治理，坚持绿色发展、建设生态文明的工作推进情况和取得的成效。

7. 改革开放协同推进指数

改革开放协同推进是成渝地区双城经济圈一体化发展的重要引擎和动力源。围绕《规划纲要》“联手打造内陆改革开放高地”“加快构建对外开放大通道”等相关任务要求，聚焦提升对外开放水平、共建对外开放通道、共建统一大市场、经济区与行政区适度分离改革机制建设等4个方面的11项指标，衡量双城经济圈促进内陆开放枢纽建设、打造内陆开放门户、推动川渝要素市场一体化以及探索经济区与行政区适度分离改革等方面的进展情况。

8. 推动城乡融合发展指数

推动城乡融合发展是成渝地区双城经济圈一体化发展的内在要求和最艰巨最繁重的任务。根据《规划纲要》“共同推动城乡融合发展”任务和“缩小成渝区域发展差距”等目标，从城乡经济融合、城乡社会融合、城乡空间融合3个方面选择6项指标衡量双城经济圈城乡之间的双向融合发展情况。指标当中有4项为一致性指标，主要是通过测度城乡居民消费、就业、收入等方面的差异程度，反映双城经济圈缩小经济社会发展差距取得的成效。

9. 公共服务便利共享指数

公共服务便利共享是成渝地区双城经济圈一体化发展的本质要求。围绕《规划纲要》“强化公共服务共建共享”主要任务要求，从公共服务标准化便利化、公共服务资源共享、居民公共服务满意度3个方面5项指标衡量双城经济圈基本公共服务一体化发展情况。其中，既有“川渝通办”事项数等反映双城经济圈公共服务一体化水平的客观计量指标，也有川渝公共服务满意度等主观指标来反映人民群众享有更多获得感、幸福感的主观感受情况。

二、二级指标（29 项）

1. 经济发展能级

从经济发展规模、经济发展质量、经济发展效益 3 个维度反映双城经济圈在全国经济发展格局中的能级和水平。

2. 要素资源引力

主要考察川渝对人口、资金、物流等要素资源的集聚与吸引能力。

3. 区域协调联动

反映川渝间人口、资金、物流等经济要素资源的联系强度。

4. 共建成渝世界级机场群

反映成渝共同打造国际航空门户枢纽，合力打造世界级机场群取得的成效。

5. 合建轨道上的双城经济圈

衡量成渝城市轨道、城际铁路交通网络体系建设水平，体现成渝双核之间交通联系的便捷程度。

6. 完善双城经济圈公路网络

反映双城经济圈公路路网高效通达、互联互通水平。

7. 联建长江上游航运枢纽

关注川渝航运联合调度和协同组织发展水平。

8. 优势产业集群联建

反映川渝共同打造世界级优势产业集群、培育壮大数字经济、建设西部金融中心发展成效。

9. 优质企业协同培育

反映川渝加快培育发展优质企业，推动产业高质量发展情况。

10. 区域产业错位发展

衡量川渝产业合理分工、错位发展情况。

11. 共建科技创新中心

衡量川渝共建具有全国影响力的科技创新中心资金投入、平台建设水平。

12. 共享科技创新资源

反映川渝共同实施科技创新项目、共用科研仪器设备，协力推进西部科学城建设情况。

13. 协同提升创新能力

反映川渝共同开展科技合作，协同提升自主创新能力情况。

14. 共促成果转移转化

衡量川渝专利转移、技术转化成果规模提升水平。

15. 打造国际消费中心城市

通过城市消费能级、核心商圈吸引力测度，衡量川渝国际消费中心城市建设水平。

16. 共建巴蜀文化旅游走廊

从充分挖掘文化旅游资源、提升旅游影响力吸引力角度反映川渝共建巴蜀文化旅游走廊情况。

17. 深化文旅交流合作

通过川渝商圈、景区游客互输互送情况，反映两地旅游交流与合作水平。

18. 生态共建共保

反映川渝共建生态保护机制情况以及取得的成效。

19. 污染协同治理

反映川渝建立污染协同治理情况以及取得的成效。

20. 提升对外开放水平

考察对外贸易情况、对外开放程度和吸引国际资本能力。

21. 共建对外开放通道

反映川渝以共建“一带一路”为引领，打造对外开放国际大通道，促进内陆开放枢纽建设取得的成效。

22. 共建统一大市场

通过物价、房价、人工成本、公路物流运价要素的地区间价格差异，衡量川渝市场的统一性程度。

23. 经济区与行政区适度分离改革机制建设

反映川渝破除要素跨省市流动的区域壁垒，扩大全方位高水平开放的进展情况。

24. 城乡经济融合

通过测度城乡居民人均消费总量、消费结构方面的差异程度，反映城乡经济发展差距变动方向。

25. 城乡社会融合

通过测度城乡居民收入、就业差距情况，反映川渝城乡社会发展进步情况。

26. 城乡空间融合

反映双城经济圈“大中小”城市协调发展及农业转移人口市民化发展水平。

27. 公共服务标准化便利化

反映川渝政府公共服务一体化建设水平。

28. 公共服务资源共享

反映川渝公共服务资源共享建设一体化发展水平。

29. 居民公共服务满意度

反映川渝居民对公共服务一体化建设的满意度水平。

三、三级指标（68 项）

1. 经济总量占全国比重（%）

该指标为成长性指标，数据范围为双城经济圈，指标算法为双城经济圈地区生产总值占全国比重，数据来源《成渝地区双城经济圈经济发展监测报告》、国家统计年鉴。

2. 人均 GDP 与全国之比（%）

该指标为成长性指标，数据范围为双城经济圈，指标算法为双城经济圈人均 GDP 与全国人均 GDP 之比，数据来源《成渝地区双城经济圈经济发展监测报告》、国家统计年鉴。

3. 全员劳动生产率与全国之比（%）

该指标为成长性指标，数据范围为川渝，指标算法为川渝全员劳动生产率与全国之比，数据来源重庆统计年鉴、四川统计年鉴、国家统计年鉴。

4. 常住人口数与户籍人口数之比（%）

该指标为成长性指标，数据范围为双城经济圈，指标算法为双城经济圈常住人口数与户籍人口数[①]之比，数据来源《成渝地区双城经济圈经济发展监测报告》和重庆统计年鉴、四川统计年鉴。

5. 社会融资总量占全国比重（%）

该指标为成长性指标，数据范围为川渝，指标算法为川渝社会融资总量占全国比重，数据来源重庆统计年鉴、四川统计年鉴。

6. 社会物流总额占全国比重（%）

该指标为成长性指标，数据范围为川渝，指标算法为川渝社会物流总额占全国比重，数据来源重庆统计年鉴、四川统计年鉴、国家统计年鉴。

7. 川渝间人口流动频率（人次）

该指标为关联性指标，数据范围为川渝，指标算法为基于联通手机信令数据测算的川渝间人口流动人次情况，数据来源于联通。

① 双城经济圈户籍人口数为根据成渝地区双城经济圈规划范围加总各市（州）、区（县）户籍人口数得到。

8. 川渝企业跨省投资资金规模（万元）

该指标为关联性指标，数据范围为川渝，指标算法为基于市场监管局企业登记注册数据，测算得到的四川企业与重庆企业之间互相投资的资金总额，数据来源市信用平台。

9. 川渝间经国家铁路货物交流数量（万吨）

该指标为关联性指标，数据范围为川渝，指标算法为重庆货物经国家铁路到四川货运量和四川货物经国家铁路到重庆货运量总和，数据来源国家统计年鉴。

10. 开通国际国内航线数量（条）

该指标为成长性指标，数据范围为成渝，指标算法为重庆江北机场、四川天府国际机场、四川双流机场开通国际国内航线数量之和，数据来源新闻、《政府工作报告》、政务数据。

11. 航空客货运输服务水平（%）

该指标为成长性指标，数据范围为成渝，指标算法为成渝机场航空旅客吞吐量占全国比重同比 ×0.5+ 成渝机场航空货邮吞吐量占全国比重同比 ×0.5，数据来源全国民用运输机场生产统计公报。

12. 轨道交通路网密度（公里 / 平方公里）

该指标为成长性指标，数据范围为川渝，指标算法为川渝轨道交通城市运营线路网总长度与建成区面积之比，数据来源重庆统计年鉴、四川统计年鉴。

13. 成渝动车高铁日均开行列车数量（对）

该指标为关联性指标，数据范围为成渝，指标算法为成渝跨省城际高铁、动车对开组总对数，数据来源新闻、《政府工作报告》。

14. 川渝高速公路密度（公里 / 平方公里）

该指标为成长性指标，数据范围为川渝，指标算法为川渝高速公路路网总长度与行政区划总面积之比，数据来源国家统计年鉴。

15. 川渝间建成投用的高速公路通道数量（条）

该指标为关联性指标，数据范围为川渝，指标算法为川渝间建成的通车高速公路通道数量，数据来源政务数据。

16. 川渝间水水中转航线数量（条）

该指标为关联性指标，数据范围为川渝，指标算法为川渝间水水中转航线数量，数据来源政务数据。

17. 川渝间集装箱铁水联运和水水中转标准箱量（标准箱）

该指标为关联性指标，数据范围为川渝，指标算法为集装箱铁水联运与水水中转总标准箱量变化情况，数据来源政务数据。

18. 电子信息、汽车优势产业集群区位熵

该指标为成长性指标，数据范围为川渝，指标算法为川渝电子信息产业区位熵和川渝汽车产业区位熵的均值，数据来源重庆统计年鉴、四川统计年鉴。

19. 数字经济核心产业增加值占 GDP 比重（%）

该指标为成长性指标，数据范围为川渝，指标算法为川渝数字经济核心产业增加值总量占川渝 GDP 比重，数据来源政务数据、重庆统计年鉴、四川统计年鉴。

20. 金融业增加值占西部地区比重（%）

该指标为成长性指标，数据范围为川渝，指标算法为川渝金融业增加值总

量占西部地区比重，数据来源重庆统计年鉴、四川统计年鉴。

21. 国家级专精特新“小巨人”企业数量占全国比重（%）

该指标为成长性指标，数据范围为川渝，指标算法为川渝国家级专精特新“小巨人”企业总数，数据来源国家专精特新“小巨人”企业公示名单。

22. 国家级高新技术企业数量占全国比重（%）

该指标为成长性指标，数据范围为川渝，指标算法为川渝国家高新技术企业总数，数据来源高新技术企业认定管理工作网。

23. 川渝产业结构差异系数

该指标为一致性指标，数据范围为川渝，指标算法为1/（川渝三次产业结构相似系数），数据来源重庆统计年鉴、四川统计年鉴。

24. 川渝制造业区域分工指数

该指标为一致性指标，数据范围为川渝，指标算法为 $s[jk]=\sum|(q[ij]/q[j])-(q[ik]/q[k])|$，其中 $q[ij]$ 和 $q[ik]$ 分别为重庆、四川的 i 产业的规模以上工业企业营业收入，$q[j]$ 和 $q[k]$ 分别为两省市各自的规模以上工业企业总营业收入，该指标为正向指标，无须正向处理。数据来源重庆统计年鉴、四川统计年鉴。

25. R&D 经费支出占地区生产总值比重（%）

该指标为成长性指标，数据范围为川渝，指标算法为川渝全社会 R&D 经费支出 / 川渝地区生产总值，数据来源重庆统计年鉴、四川统计年鉴。

26. 川渝共建重点实验室数量（个）

该指标为关联性指标，数据范围为川渝，指标算法为川渝共建重点实验室数量，数据来源新闻及《政府工作报告》。

27. 川渝联合实施重点研发项目数量（项）

该指标为关联性指标，数据范围为川渝，指标算法为川渝联合实施重点研发项目立项数量，数据来源重庆、四川科技局网站。

28. 川渝科技资源共享服务平台大型仪器价值（万元）

该指标为关联性指标，数据范围为川渝，指标算法为川渝科技资源共享服务平台重庆入网大型仪器价值年末数，数据来源重庆科技资源共享平台仪器入网情况通报。

29. 川渝联合共同发表科技论文数量（篇）

该指标为关联性指标，数据范围为川渝，为基于中国知网发布的川渝联合发表科技论文数量，数据来源中国知网。

30. 川渝跨省联合申报专利数占两地申报专利数比重（%）

该指标为关联性指标，数据范围为川渝，指标算法为川渝跨省联合申报专利数 / 两地申报专利总量，数据来源专利查询网站。

31. 川渝间专利转移数量（件）

该指标为关联性指标，数据范围为川渝，指标算法为川渝间专利相互转移数量，数据来源政务数据。

32. 川渝技术交易额占全国比重（%）

该指标为成长性指标，数据范围为川渝，指标算法为川渝技术交易额总和与全国总量之比，数据来源科技部火炬高技术产业研发中心。

33. 社会消费品零售总额占全国比重（%）

该指标为成长性指标，数据范围为双城经济圈，指标算法为川渝社会消费品零售总额与全国总量之比，数据来源《成渝地区双城经济圈经济发展监测报告》、国家统计年鉴。

34. 川渝线下商圈消费热度指数

该指标为成长性指标，数据范围为川渝，指标算法为通过对双城经济圈重点监测的20家线下商圈到访人流量、驻留时间加权平均得到的消费热度指数，数据来源联通。

35. 川渝A级旅游景区数量（个）

该指标为成长性指标，数据范围为川渝，指标算法为川渝两地A级旅游景区数量总和，数据来源四川、重庆统计年鉴。

36. 川渝旅行社接待国内游客人次（人次）

该指标为成长性指标，数据范围为川渝，指标算法为川渝两地旅行社接待国内游客人数之和，数据来源国家文化和旅游年鉴。

37. 川渝居民跨省商圈消费人次（人次）

该指标为关联性指标，数据范围为成渝，指标算法为居住地在重庆/四川，到访四川/重庆重点监测商圈的人次之和，数据来源联通。

38. 川渝居民间跨省旅游人次（人次）

该指标为关联性指标，数据范围为川渝，指标算法为居住地在重庆/四川，到访四川/重庆4A及以上景点旅游人次之和，数据来源联通。

39. 建立环境监测一体化合作机制

该指标为观察性指标，数据范围为川渝，主要反映川渝建立环境监测一体化合作机制情况，数据来源新闻、《政府工作报告》等资料。

40. 川渝空气质量优良天数占比（%）

该指标为成长性指标，数据范围为川渝，指标算法为川渝两地平均空气质量优良天数占比，数据来源重庆统计年鉴、四川统计年鉴。

41. 川渝废气中主要污染物排放量（吨）

该指标为成长性指标，数据范围为川渝，指标算法为1/川渝两地废气中二氧化硫、氮氧化物、颗粒物三类主要污染物排放总量，数据来源国家统计年鉴。

42. 跨界河流国控断面水质达标率（%）

该指标为关联性指标，数据范围为川渝，指标算法为川渝跨界河流25个国控断面水质达标率，数据来源新闻、《政府工作报告》等资料。

43. 建立环境污染跨区域联合执法机制

该指标为观察性指标，数据范围为川渝，主要反映川渝建立环境污染跨区域联合执法机制情况，如交易、价格实现等，数据来源新闻、《政府工作报告》等资料。

44. 川渝城市生活垃圾无害化处理能力提升

该指标为成长性指标，数据范围为川渝，指标算法为川渝城市生活垃圾无害化处理能力总和，数据来源国家统计年鉴。

45. 川渝一般工业固体废物综合利用率（%）

该指标为成长性指标，数据范围为川渝，指标算法为川渝一般工业固体废物综合利用量总和 / 川渝一般工业固体废物产生量总和，数据来源国家统计年鉴。

46. 川渝城市污水处理率（%）

该指标为成长性指标，数据范围为川渝，指标算法为川渝城市污水处理总量 / 川渝城市污水排放量总和，数据来源住房和城乡建设部网站。

47. 进出口总额占全国比重（%）

该指标为成长性指标，数据范围为川渝，指标算法为川渝两地进出口总额与全国总额之比，数据来源重庆统计年鉴、四川统计年鉴。

48. 实际利用外商直接投资额占全国比重（%）

该指标为成长性指标，数据范围为川渝，指标算法为川渝两地外商直接投资总额与全国总额之比，数据来源重庆统计年鉴、四川统计年鉴。

49. 川渝对“一带一路”沿线国家进出口总额占全国比重（%）

该指标为成长性指标，数据范围为川渝，指标算法为川渝对“一带一路”沿线国家进出口总额合计占全国总量之比，数据来源“一带一路”相关统计报告。

50. 西部陆海新通道川渝总运量（标准箱）

该指标为成长性指标，数据范围为川渝，指标算法为西部陆海新通道川渝三种运输方式总运量之和，数据来源政务数据。

51. 中欧班列（成渝）开行列数（列）

该指标为关联性指标，数据范围为川渝，指标算法为中欧班列（成渝）开行列数，数据来源新闻、《政府工作报告》等资料。

52. 川渝物价水平差异系数

该指标为一致性指标，数据范围为川渝，指标算法为重庆、四川消费者物价指数的差异系数，并进行正向处理，数据来源重庆统计年鉴、四川统计年鉴。

53. 川渝二手房交易价格差异系数

该指标为一致性指标，数据范围为川渝，指标算法为重庆、四川二手房交易价格的差异系数，并进行正向处理，数据来源中国指数研究院。

54. 川渝人工成本差异系数

该指标为一致性指标，数据范围为川渝，指标算法为重庆、四川中位数人工成本的差异系数，并进行正向处理，数据来源重庆、四川人力资源市场工资价位和行业人工成本信息年报。

55. 川渝公路物流运价差异系数

该指标为一致性指标，数据范围为川渝，指标算法为重庆、四川公路物流运价指数的差异系数，并进行正向处理，数据来源中国物流信息中心网站。

56. 建立统计分算、税收分成利益分享机制

该指标为观察性指标，数据范围为川渝，主要反映川渝建立统计分算、税收分成利益分享机制进展情况，数据来源新闻、《政府工作报告》等资料。

57. 协同制定地方标准

该指标为观察性指标，数据范围为川渝，主要反映川渝协同制定地方标准进展情况，数据来源新闻、《政府工作报告》等资料。

58. 城乡人均消费支出差异系数

该指标为一致性指标，数据范围为川渝，指标算法为川渝城镇居民人均消

费支出和农村居民人均消费支出的差异系数，并进行正向处理，数据来源重庆统计年鉴、四川统计年鉴。

59. 城乡发展型消费支出比重差异系数

该指标为一致性指标，数据范围为川渝，指标算法为城乡居民人均教育文化娱乐支出比重的差异系数，并进行正向处理，数据来源重庆统计年鉴、四川统计年鉴。

60. 城乡居民收入分配差异系数

该指标为一致性指标，数据范围为川渝，指标算法为川渝城镇居民人均可支配收入和农村居民人均可支配收入的差异系数，并进行正向处理，数据来源重庆统计年鉴、四川统计年鉴。

61. 城乡就业结构差异系数

该指标为一致性指标，数据范围为川渝，指标算法为川渝城镇就业人员数量和川渝乡村就业人员数量的差异系数，并进行正向处理，数据来源重庆统计年鉴、四川统计年鉴。

62. 双城经济圈两大中心城市以外城市 GDP 占双城经济圈比重（%）

该指标为成长性指标，数据范围为双城经济圈，指标算法为（双城经济圈 GDP－两大中心城市 GDP 总和）/ 双城经济圈 GDP，数据来源《成渝地区双城经济圈经济发展监测报告》、重庆统计年鉴、四川统计年鉴。

63. 川渝常住人口城镇化率（%）

该指标为成长性指标，数据范围为川渝，指标算法为川渝城镇地域上的常住人口占全部常住人口的比重，数据来源重庆统计年鉴、四川统计年鉴。

64. 政务服务“川渝通办”事项数（项）

该指标为关联性指标，数据范围为川渝，指标算法为川渝高频政务服务事项异地办理数量，数据来源政务数据。

65. 累计办理住房公积金川渝跨省异地转移接续数量（人次）

该指标为关联性指标，数据范围为川渝，指标算法为川渝两地年度累计办理住房公积金川渝跨省异地转移接续数量，数据来源政务数据。

66. 川渝公共交通“一卡通”发放数量（张）

该指标为关联性指标，数据范围为川渝，指标算法为川渝公共交通“一卡通”发放数量，数据来源政务数据。

67. 川渝住院费用跨省市异地就医直接结算率（%）

该指标为关联性指标，数据范围为川渝，指标算法为川渝两地年累计跨省市异地住院、跨省市普通门诊、跨省市定点药店购药直接结算人次数量，数据来源政务数据。

68. 川渝公共服务便利共享群众满意度评价（%）

该指标为成长性指标，数据范围为川渝，指标算法为从破除体制、机制、政策障碍、公共服务便捷度、教育文化体育资源共享满意度、公共卫生和医疗养老合作满意度等方面设计问卷，通过舆情分析获取数据，数据来源西部大数据前沿应用研究院。

参考文献

BALASSA B，1962. The theory of economic integration［M］. London：Alien and Unwin.

FRIEDMANN J，1966. Regional Development Policy：A Case Study of Venezuela［M］. Cambridge：M.I.T. Press.

JEAN G，1957. Megalopolis or the Urbanization of the Northeastern Seaboard［J］. Economic Geography，33（3）：189–200.

PARSLEY D C，WEI S–J，1996. Convergence to the law of one price without trade barriers or currency fluctuations［J］. The Quarterly Journal of Economics，111（4）：1211–1236.

TINBERGEN J，1954. International economic integration［J］.Amsterdam：Elsevier.

陈守强，黄金川，2015. 城市群空间发育范围识别方法综述［J］. 地理科学进展，34（3）：313–320.

戴宾，2004. 城市群及其相关概念辨析［J］. 财经科学，6：101–103.

范擎宇，杨山，2021. 长三角地区城镇化协调发展的空间特征及形成机理［J］. 地理科学进展，40（1）：124–134.

方创琳，王振波，马海涛，2018. 中国城市群形成发育规律的理论认知与地理学贡献［J］. 地理学报，73（4）：651–665.

方大春，牛黎光，2020. 长三角城市群中心性效应与一体化提升［J］. 区域经济评论，6：111–118.

冯更新，2013. 中部地区城市群一体化发展研究［J］. 城市，1：3–11.

李朝鲜，2020. 区域价格收敛视角下中国国内市场一体化的演变特征分析［J］. 北京工商大学学报（社会科学版），35（5）：11–20.

李旦，2020. 东北地区要素市场一体化视角下经济增长问题研究［D］. 长春：吉林大学.

李林君，王莉娜，王海南，2018. 京津冀一体化进程中公共服务不平等累积性研究：1994—2015——基于增量供给与存量调整视角［J］. 经济与管理研究，39（10）：93–110.

李琳，彭宇光，2017. 中三角城市群与长三角城市群市场一体化及影响因素比较研究［J］. 科技进步与对策，34（1）：25–30.

李培鑫，2019. 城市群的演进规律和一体化发展特征分析［J］. 上海城市管理，28（5）：15–20.

李雪松，孙博文，2013. 长江中游城市群区域一体化的测度与比较［J］. 长江流域资源与环境，22（8）：996–1003.

刘昊，祝志勇，2020. 成渝地区双城经济圈劳动力市场一体化及其影响因素研究［J］. 软科学，34（10）：90–96.

刘和东，杨丽萍，2020. 长三角城市经济一体化演变的社会网络分析［J］. 科学与管理，40（3）：68–74，111.

刘修岩，梁昌一，2021. 中国城市群一体化水平综合评价与时空演化特征分析——兼论城市群规模的影响［J］. 兰州大学学报（社会科学版），49（2）：49–61.

刘凤，黄丽萍，明翠琴，2022. 成都都市圈公共服务一体化水平测度与提升路径研究［J］. 决策咨询，5：23–29.

吕典玮，张琦，2010. 京津地区区域一体化程度分析［J］. 中国人口·资源与环境，20（3）：162–167.

陆铭，2022. 澄清关于建设统一大市场的几个认识误区［J］. 国家治理，9：28–32.

马燕坤，肖金成，2020. 都市区、都市圈与城市群的概念界定及其比较分析［J］. 经济与管理，34（1）：18–26.

梅饶兰，2021. 区域经济一体化对长三角地区进口贸易影响的分析——基于2009—2018 年长三角地区数据［J］. 市场论坛，9：79–87，97.

潘文卿，2010. 中国区域经济差异与收敛［J］. 中国社会科学，1：72–84，222–223.

秦彪，2012. 辽宁区域经济发展差异与一体化选择研究［D］. 大连：东北财经大学.

苏剑，邵宇佳，2022. 全国统一大市场建设的内涵、现状与政策建议［J］. 新疆师范大学学报（哲学社会科学版），43（6）：98–109.

苏剑，邵宇佳，陈丽娜，2021. 中国市场一体化进程：趋势、成效与建议［J］. 社会科学辑刊，3：157–170.

孙久文，邓慧慧，叶振宇，2008. 京津冀区域经济一体化及其合作途径探讨［J］. 首都经济贸易大学学报，2：55–60.

孙久文，蒋治，2021. “十四五”时期中国区域经济发展格局展望［J］. 中共中央党校（国家行政学院）学报，25（2）：77–87.

唐承辉，豆建民，2020. 长三角城市群功能性网络结构及其一体化程度研究［J］. 经济问题探索，12：79–88.

肖金成，2021. 关于新发展阶段都市圈理论与规划的思考［J］. 人民论坛·学术前沿，4：4–9，75.

杨丹丹，马红梅，杜宇晨，2019. 区域市场一体化对经济增长的影响——以长江经济带沿线 11 省市为例［J］. 商业经济研究，8：154–157.

姚士谋，1992. 中国的城市群［M］. 合肥：中国科学技术大学出版社.

易小光，丁瑶，邓兰燕，2021. 成渝地区双城经济圈要素市场一体化研究

［M］. 北京：中国经济出版社.

易小光，丁瑶，苟文峰，2021. 成渝地区双城经济圈一体化发展研究［M］. 北京：中国经济出版社.

易小光，丁瑶，余贵玲，等，2019. 新时期重庆区域发展战略与路径研究［M］. 北京：中国经济出版社.

于洪俊，宁越敏，1983. 城市地理概论［M］. 合肥：安徽科学技术出版社.

占金刚，黄林，潘柳榕，2023. 西部陆海新通道沿线城市经济一体化测度——基于社会网络分析法的实证研究［J］. 国土资源科技管理，40（5）：87–99.

张军，2011. "珠三角"区域经济一体化发展研究［D］. 成都：西南财经大学.

张学良，2018. 以都市圈建设推动城市群的高质量发展［J］. 上海城市管理，27（5）：2–3.

赵金丽，张学波，宋金平，2017. 京津冀劳动力市场一体化评价及影响因素［J］. 经济地理，37（5）：94–100.

赵三武，钱雪亚，2014. 基于价格指数法的我国劳动力市场区域一体化研究［J］. 统计与决策，21：99–101.

赵勇，白永秀，2007. 城市群国内研究文献综述［J］. 城市问题，7：6–11.

中国社会科学院京津冀协同发展智库京津冀协同发展指数课题组，2020. 京津冀协同发展指数报告（2020）［M］. 北京：中国社会科学出版社.

第二部分

成渝地区双城经济圈一体化发展高频大数据分析报告

课题组名单

顾　　问

易小光　重庆市综合经济研究院原院长、研究员

组　　长

丁　瑶　重庆市综合经济研究院院长、研究员

副 组 长

邓兰燕　重庆市综合经济研究院副院长、研究员

成　　员

（一）重庆市综合经济研究院

曹　亮　重庆市推动成渝地区双城经济圈建设研究中心处长

李　林　重庆市推动成渝地区双城经济圈建设研究中心副处长、研究员

夏梁颖　重庆市推动成渝地区双城经济圈建设研究中心宏观经济大数据分析实验室副主任、助理研究员

贾静涛　重庆市推动成渝地区双城经济圈建设研究中心 GIS 空间规划应用实验室主任、助理研究员

王志军　重庆市推动成渝地区双城经济圈建设研究中心 GIS 空间规划应用实验室副主任、助理研究员

邱　婧　重庆市推动成渝地区双城经济圈建设研究中心 GIS 空间规划应用实验室助理研究员

郑秋霞　重庆市推动成渝地区双城经济圈建设研究中心城市与区域发展研究室助理研究员

（二）中国联合网络通信有限公司重庆市分公司

金　涛　中国联合网络通信有限公司重庆市分公司副总经理

蒋冬冬　中国联合网络通信有限公司重庆市分公司政要客户服务中心总经理

张　宇　中国联合网络通信有限公司重庆市分公司政要客户服务中心副总经理

袁青松　联通（重庆）产业互联网有限公司总经理

董其梦　联通（重庆）产业互联网有限公司副总经理

周亚东　联通（重庆）产业互联网有限公司副总经理

（三）联通数字科技有限公司数据智能事业部

宋雨伦　联通数字科技有限公司数据智能事业部总经理

姜南冰　联通数字科技有限公司数据智能事业部副总经理

李振军　联通数字科技有限公司数据智能事业部副总经理

李大中　联通数字科技有限公司数据智能事业部技术研发部总经理

康晓宇　联通数字科技有限公司数据智能事业部数字政府产品部总经理

崔　博　联通数字科技有限公司数据智能事业部数字政府产品部产品总监

由重庆市综合经济研究院与重庆联通、联通数字科技有限公司、智慧足迹数据科技有限公司合作共建的宏观经济大数据分析实验室（重庆），基于联通手机信令数据、手机通话数据、运营商用户数据、互联网数据，采用大数据反推全量数据算法，通过构建的人口时空分布、用户出行轨迹、用户行为偏好、通话联系强度、用户画像等分析模型，形成了成渝地区双城经济圈一体化发展高频大数据监测平台，并基于该平台研究形成了《成渝地区双城经济圈一体化发展高频大数据分析报告》。

高频大数据分析报告包括双城经济圈人口流动、商圈消费、景区旅游、园区用工、就业创业等五大模块。人口流动模块重点监测川渝之间、川渝与外省市之间人口流动的路径、空间、时间、职住出行等特征。商圈消费模块分别监测重庆、成都 10 个主要商圈到访客流人次数量、驻留时长和访客年龄、性别、客源地分布等特征。景区旅游模块重点监测川渝 27 个 5A 级旅游景区的客流量、驻留时长、游客属性等特征。园区用工模块重点监测川渝 34 个国家级园区工作时间和人口数量、人口流动等特征。就业创业模块重点监测外卖骑手、网约车司机、快递员等新经济新业态从业人员流动等特征。

本报告采用的联通大数据反推全量数据算法在全国大量应用实践中得到广泛认可，其中，通过扩样模型获取的全国 4 个直辖市及 334 个地级行政区测算的人口数据，经与全国人口普查数据对比，一致性较强，拟合相关性达到 0.83。在上海、深圳等典型城市开展数据扩样验证实验，区级空间尺度，手机信令估计人口误差为 6.8%，街道尺度误差率为 10.96%，与移动数据拟合相关性为 0.95。

后续，实验室还将紧扣全市、区县经济社会发展的重大问题，进一步深入开展高频大数据在宏观经济领域的应用研究，常态化定期推出月度、年度《成渝地区双城经济圈一体化发展高频大数据分析报告》，为各级政府精准施策和科学决策提供数据支撑和咨政参考，也为社会各界积极投身到推动双城经济圈建设工作中来提供辅助咨询。

一、人口流动大数据分析

人口流动大数据主要基于联通手机信令数据，对川渝人口内部流动[①]、跨省流动[②]的路径、空间、时间、职住出行[③]等特征、趋势进行跟踪监测，分析川渝两地城市活力、城市功能，以及城市间联系紧密度等情况。

（一）流入流出情况

川渝两地整体呈持续净流入态势，流入人次增速明显高于流出人次。2022年，川渝两地人口流入4.06亿人次、流出1.98亿人次，净流入2.08亿人次，比2020年（净流入1.62亿人次）增长28.4%。其中，2021年、2022年川渝两地流入人次同比分别增长11.84%、–15.6%，分别高出流出人次增速16.6个、6.8个百分点。2023年以来，随着疫情防控常态化，川渝两地就业、旅游、出行人次等不断增多，川渝城市吸引力进一步增强，人口净流入态势愈加明显。2023年，川渝人口净流入已达到3.82亿人次，较2022年增长84%（见图2–1–1、图2–1–2）。

---

① 川渝人口内部流动数据主要根据互联网位置服务数据和手机信令数据，识别在川渝不同研究区域内出现过且当日0~24时区域内驻留时长超过30分钟的用户数，再根据扩样模型得到总人次情况。

② 跨省市流动数据中，流入数据主要统计当天有3小时及以上小时接入重庆/四川范围内的基站，且前两天都未接入重庆/四川基站的用户；流出数据主要统计当天未接入重庆/四川基站，但前两天都接入重庆/四川基站的用户。

③ 职住出行数据，首先通过人口的停留日期、时间和位置总体上将研究区域人口划分为常住人口（停留时间超过7小时/天、天数大于等于50%天）以及非常住人口，再根据用户停留时长和停留时间进行居住地和工作地识别，其中居住地的判别依据为0~8时、19~24时停留时间最长的基站为居住基站。9~18时停留时间最长的基站，且在基站周围500米内停留时间大于4小时、天数大于等于50%天的为工作地基站。

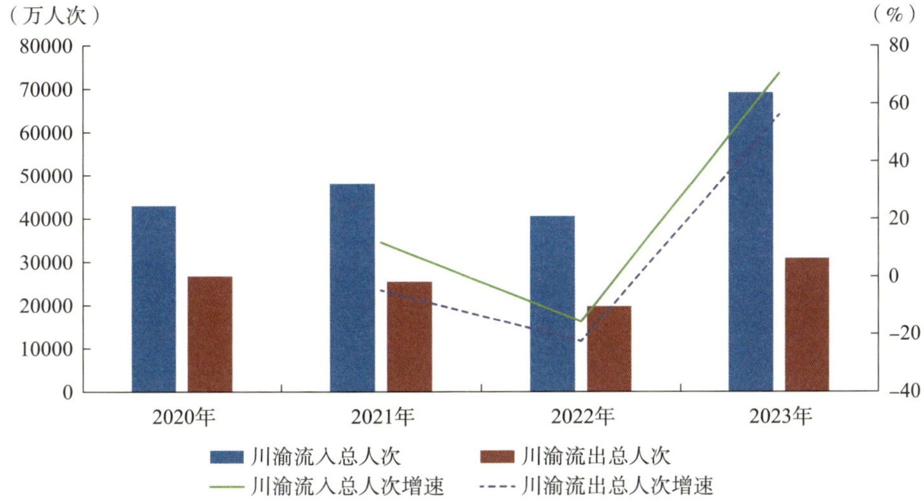

图 2-1-1　川渝流入、流出总人次变化情况

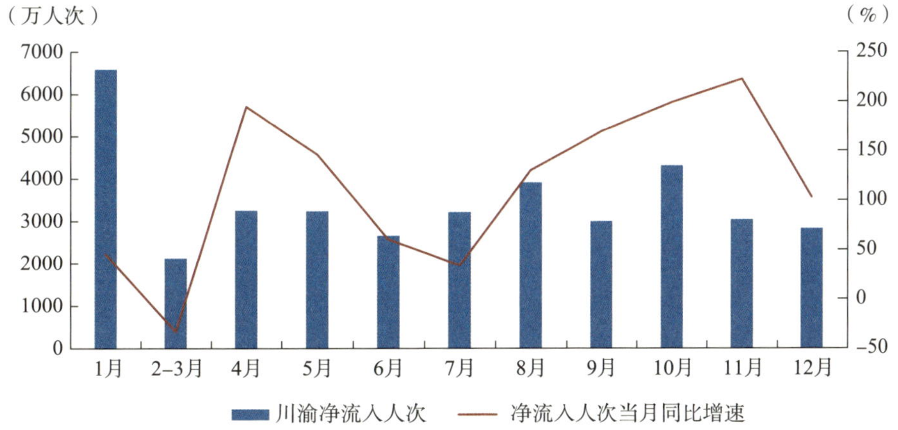

图 2-1-2　2023 年川渝净流入人次情况

川渝两地人口与周边省市以及东部沿海地区往来较为频繁。从人口流入来看，广东、贵州、云南、湖北、浙江、陕西、福建、江苏、河南、湖南流入川渝人次居前十位，其中，广东、贵州、云南居川渝人口流入省份前三位，2023 年流入人次分别为 9413.8 万人次、7583.9 万人次、5822.4 万人次。从人口流出来看，排名前十的地区主要有周边的贵州、云南、湖北、陕西、湖南等省份和广东、浙江、江苏等经济大省，以及河南、广西等省份，其中，贵州、湖北、云南居川渝人口流出省份前三位，2023 年流出人次分别为 4127.0

万人次、3540.3 万人次、2627.1 万人次（见图 2–1–3、图 2–1–4）。人口流入的高峰主要集中在春节前后，劳动力务工是带动人口流入流出的“主力军”。

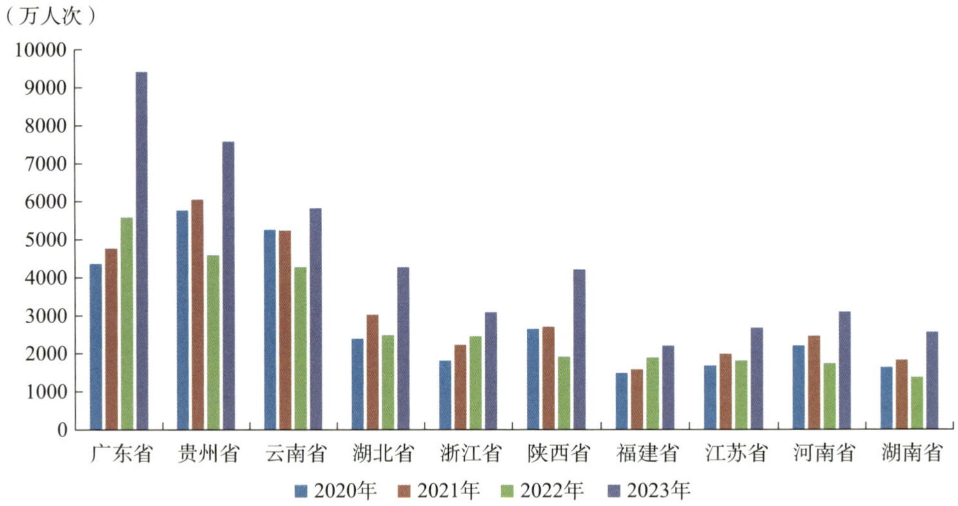

图 2–1–3　川渝人口流入排名前十的省份

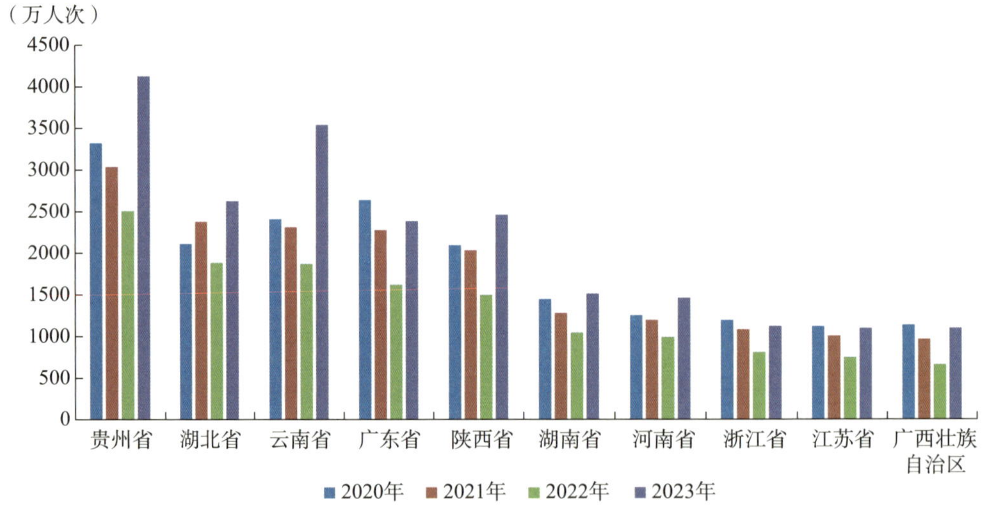

图 2–1–4　川渝人口流出排名前十的省份

外省流入重庆人次高于流入四川人次，“大运会”等赛事活动带动效应逐步显现。2021 年、2022 年，外省流入重庆人次分别达到 25607 万人次、22060 万人次，分别高出流入四川 3123 万人次、3532 万人次。重要赛事活动对人流带动效应明显，在成都大运会带动下，2023 年，外省流入四川人次同比增长 81%，高于重庆 20 个百分点，其中 7 月、8 月当月同比增速分别达 66.3%、108%。飞猪数据显示，截至 2023 年 8 月 2 日，大运会期间成都进出港的国内机票、火车票预订量、酒店预订量分别同比增长约 1 倍、4 倍、2.8 倍（见图 2–1–5）。

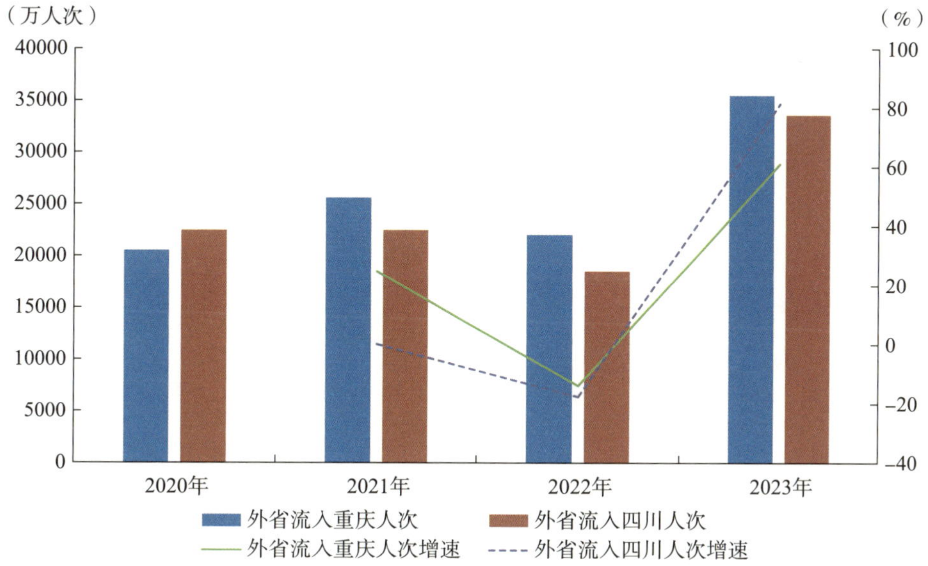

图 2–1–5　外省流入重庆、四川人次变化情况

重庆中心城区、四川成都和与周边省市毗邻的地级市是主要外省流入到访地。川渝经济实力较强、商业活力较好、旅游吸引力强的区市是外省人流主要到访地，重庆渝北、沙坪坝、江北、渝中、九龙坡等中心城区外省到访人次居全市前列；2023 年渝北、沙坪坝、渝中外省到访分别为 3887 万人次、2896.9 万人次、2568.5 万人次。四川经济和人口总量居第一位的成都，经济总量第五、人口总量第二的南充，与陕西、甘肃毗邻的达州、广元、绵阳，以及与贵州、云南毗邻的泸州、宜宾、凉山州等地级市到访的外省人次较多，2023 年成都、广元、绵阳外省到访分别为 8617.2 万人次、2196.3 万人次、2015.5 万人次（见图 2–1–6）。

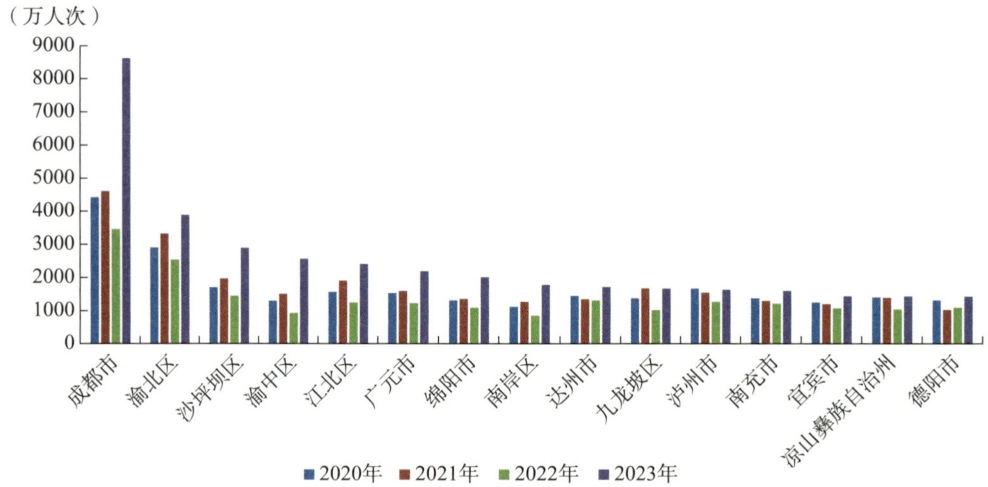

图 2-1-6　外省流向川渝人次分布情况

（二）内部流动情况

川渝间人口流动数量呈上升趋势，逐步恢复到疫情前水平。受新冠疫情反复、经济下行、消费低迷等多重因素影响，2022 年川渝人口内部流动总人次 17403.9 万人次，较 2021 年下降 25.1%。2023 年以来，川渝两地之间人员流动增多、交往增强，川渝间人口流动达到 2.59 亿人次，较 2020 年、2021 年、2022 年同期分别增长 22.0%、11.4%、48.7%，已超过 2022 年流动总人次，逐步恢复到疫情前水平（见图 2-1-7、图 2-1-8）。

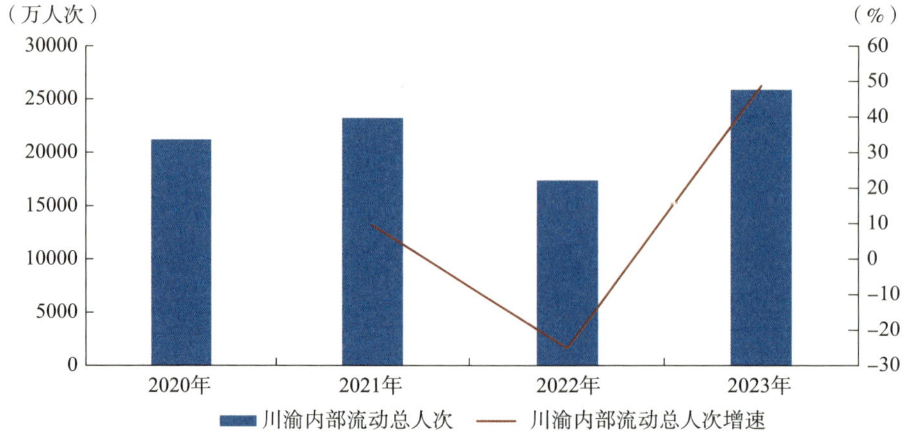

图 2-1-7　川渝内部流动总人次变化情况

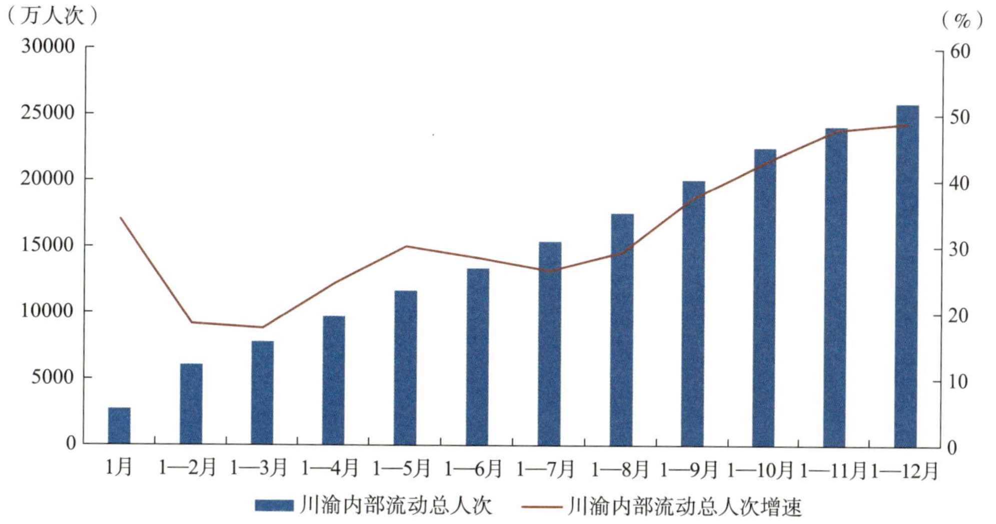

图 2-1-8　2023 年川渝内部流动总人次变化情况

四川到重庆人次明显高于重庆到四川，四川在重庆就业人员相对较多。2020—2022 年，四川到重庆流动人次 5.87 亿人次，是重庆到四川的 3 倍左右，表明重庆对四川人口吸纳能力相对较强。2023 年以来，重庆到四川、四川到重庆流动人次均保持较快增长，全年分别同比增长 60.3%、40.8%。从单月来看，重庆到四川、四川到重庆流动人次最多的月份分别在春节假期开始的 1 月、春节假期结束的 2 月，表明四川在重庆就业工作的人口相对较多（见图 2-1-9、图 2-1-10）。

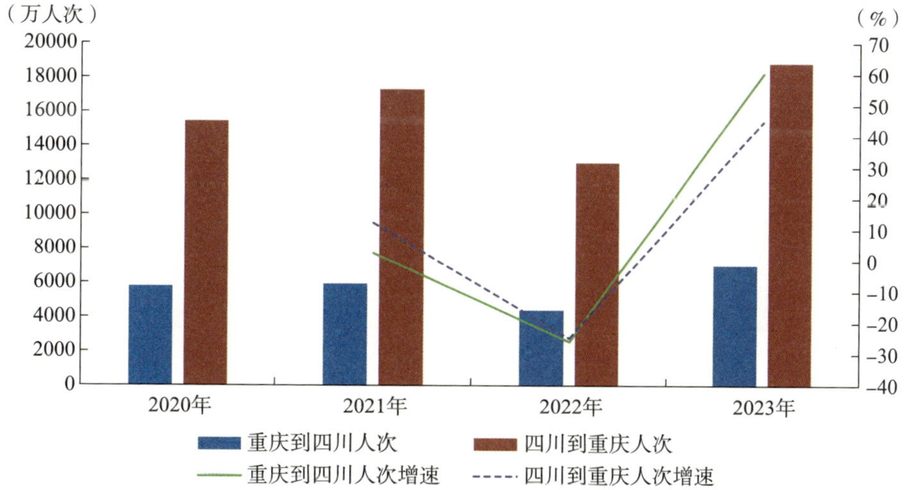

图 2-1-9　川渝人口内部流动人次变化情况

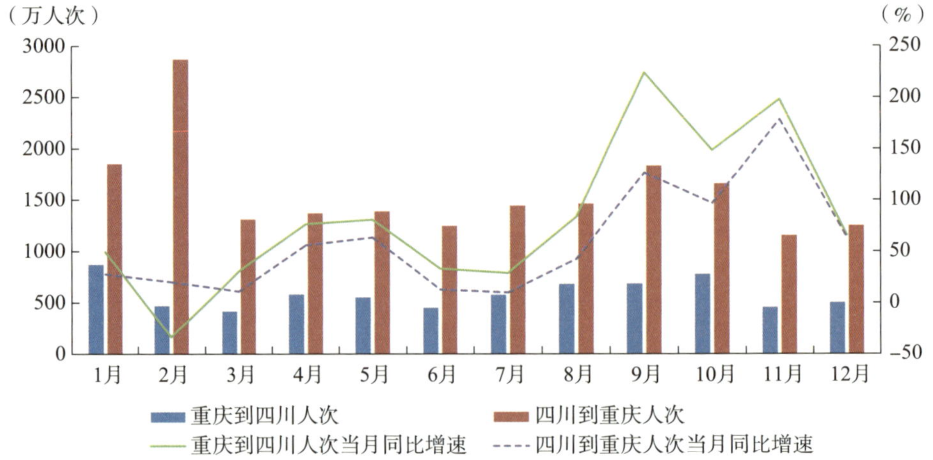

图 2-1-10　2023 年川渝人口内部流动人次变化情况

重庆中心城区、渝西地区与四川人口流动密切，四川成都、中部地级市与重庆往来密切。从重庆人口流向四川的空间联系看，重庆渝北、九龙坡、沙坪坝居住人口与四川交流最为紧密；重庆人最爱去的四川城市分别是广安、成都、达州。从四川人口流向重庆的空间联系看，四川成都、达州、广安人与重庆往来最密切，四川人最喜欢到的重庆城市分别是渝北、沙坪坝、江北。总体来看，重庆主城都市区、成都“双核”、成渝中部地区间人口流动更为频繁、往来更加密切（见图 2-1-11、图 2-1-12）。

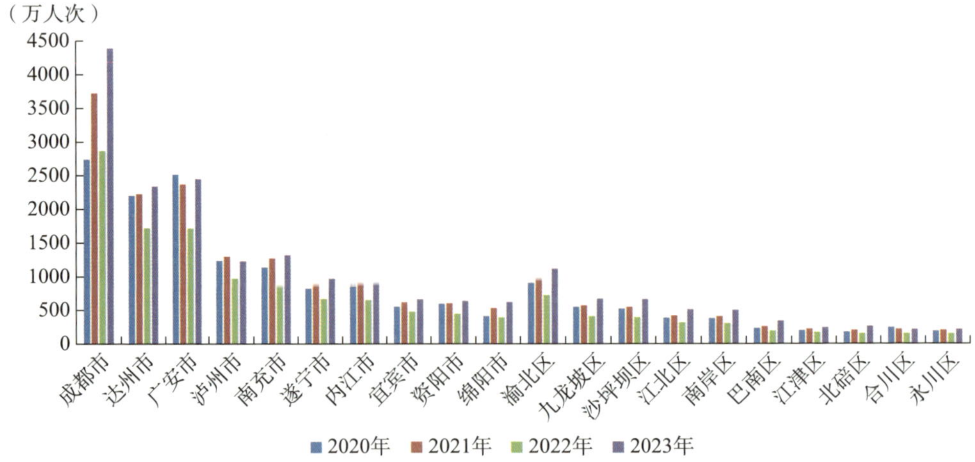

图 2-1-11　四川、重庆流出人口分别排名前十的市（区）

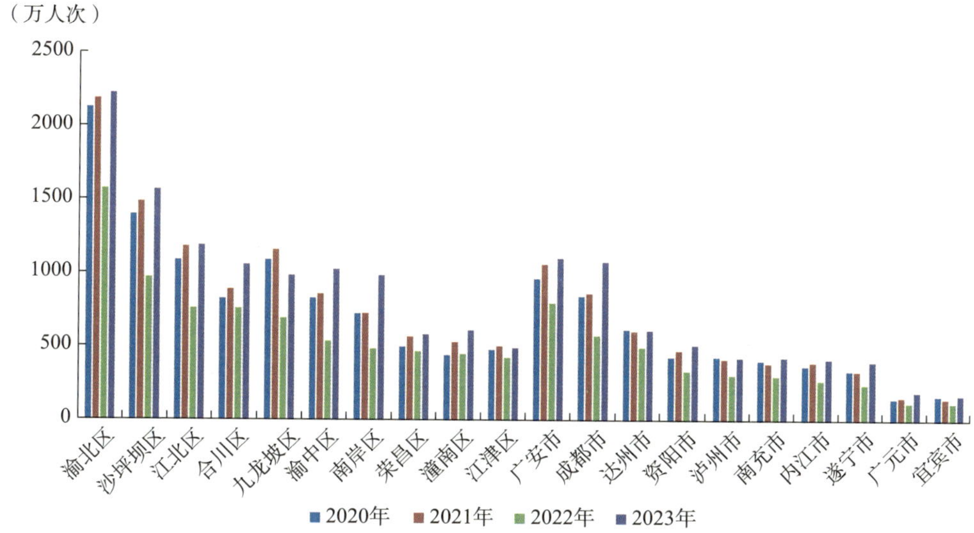

图 2-1-12　四川、重庆到访人口分别排名前十的市（区）

（三）职住人流情况

四川工作日到渝人次明显高于重庆工作日到四川人次，2023 年以来，周末在四川、工作日在重庆人次增长速度有所加快。2020—2022 年，周末在四川、工作日在重庆的人次明显高于周末在重庆、工作日在四川人次，2022 年这一差值达到 46 万人次。2023 年以来，周末在四川、工作日在重庆和周末在重庆、工作日在四川的人次均呈较快增长态势，全年分别同比增长 86%、29%。反映出重庆就业吸引力更大，且这一趋势正在加速发展（见图 2-1-13、图 2-1-14）。

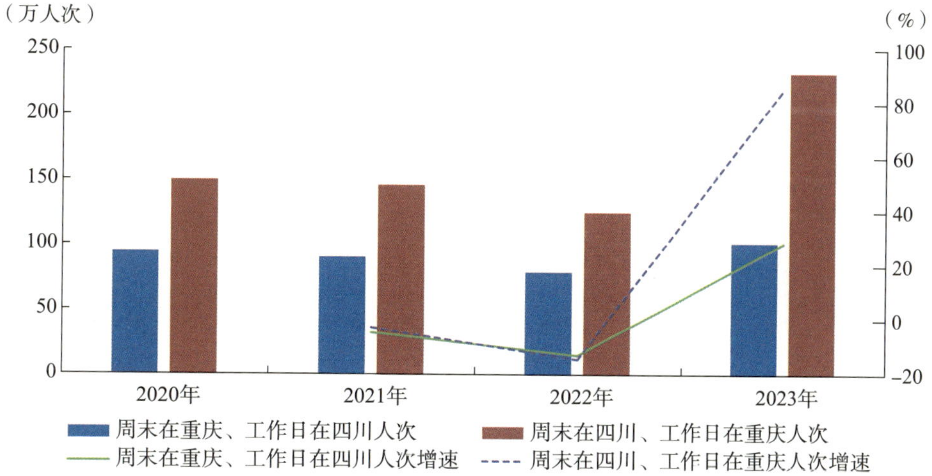

图 2-1-13　四川、重庆周末、工作日异地人次情况

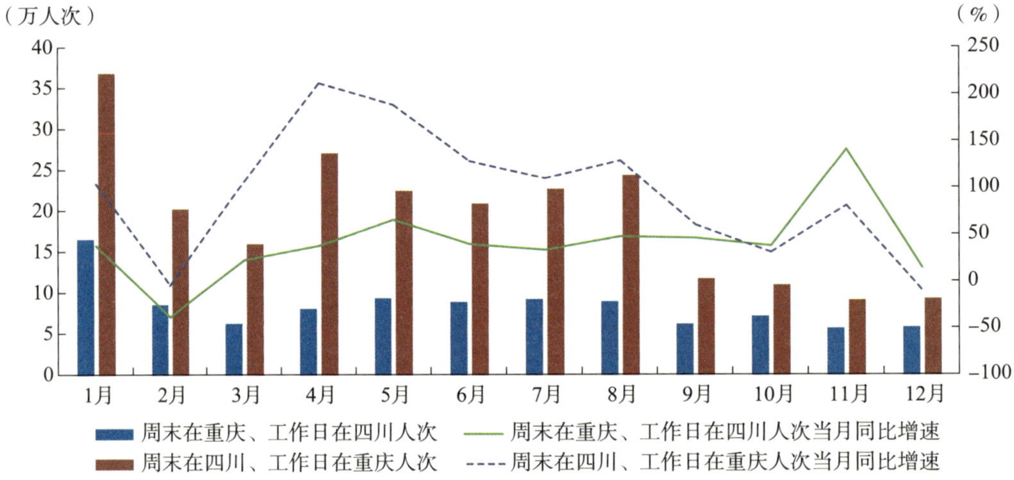

图 2-1-14　2023 年四川和重庆周末、工作日异地人次情况

双城经济圈范围内的成都、广安、渝北是职住分离人数最多的区市，而黔江、雅安职住基本为本地平衡。从川渝人口的居住地和就业地来看，受地理区位和交通区位影响，黔江、雅安分别是重庆、四川工作日和周末异地人次最少的区市，2023 年黔江、雅安职住分离总人次分别为 1.2 万人次、3.0 万人次。而渝北、沙坪坝、九龙坡、江北、南岸、合川、永川、江津、荣昌、潼南是重庆职住分离人数最多的 10 个区，广安、成都、达州、泸州、内江、遂宁、南充、资阳、宜宾、绵阳是四川职住分离人数排名前十的地级市（见图 2-1-15、图 2-1-16）。

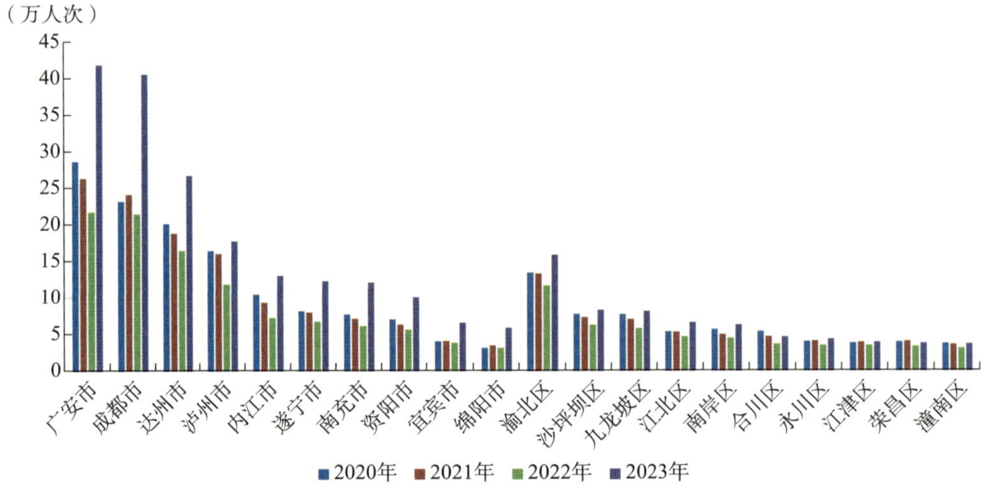

图 2-1-15　居住在本地、工作在外地的四川、重庆前十的市（区）

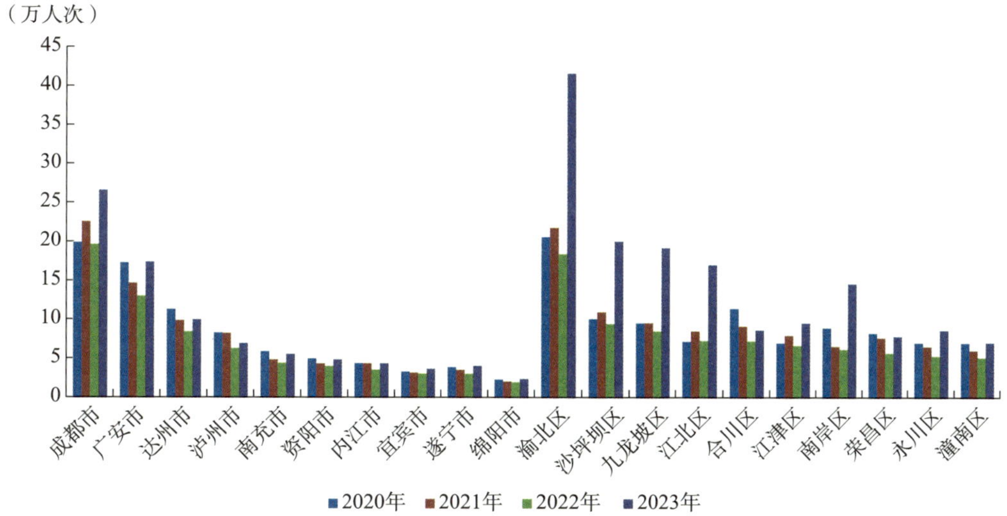

图 2-1-16　就业在本地、居住在外地的四川、重庆前十的市（区）

二、商圈消费大数据分析

商圈消费大数据主要利用手机信令数据，分析重庆、成都 20 个重点监测商圈[①]2020 年以来的到访人流量，通过商圈区域图层，识别区域内的联通基站，统计当日在商圈日驻留时长和大于等于 30 分钟且职地住地均不在此商圈的人群。商圈作为观察消费的一个窗口，监测分析城市重点商圈人流量，有助于提前感知居民消费意愿、跟踪城市消费市场活力情况。

（一）线下商圈热度

成渝线下商圈客流企稳回升，逐步恢复到疫情前水平。受疫情防控出行限制等影响，2021 年、2022 年，成渝 20 个重点监测商圈日均到访分别为 337.4 万人次、210.3 万人次，分别仅为 2020 年的 75.9%、47.3%。2023 年以来，商圈到访人数呈回暖迹象，全年商圈日均到访人数 262.8 万人次，是上年同期的 1.25 倍，并恢复到 2020 年同期的 77.9%。特别是下半年，在春熙路、解放碑—朝天门、太古里等网红打卡点带动下，重点商圈日均人流量较上半年增长了 42.3%，回升向好态势持续巩固。分别来看，成都商圈客流恢复速度略快于重庆，2023 年成都、重庆商圈日均客流量分别为 148.6 万人次、114.2 万人次，是 2020 年同期的 66.9%、57.5%（见图 2-2-1、图 2-2-2）。

① 从商圈知名度、人气度、成熟度等维度，分传统商圈、新兴商圈两种类型，综合确定重点监测商圈名单。其中，重庆选取的 10 个重点监测商圈主要分布在中心城区，分别为：解放碑—朝天门商圈、观音桥商圈、杨家坪商圈、三峡广场商圈、南坪商圈、大坪商圈、江北嘴商圈、弹子石商圈、嘉州商圈、中央公园商圈；四川选取的 10 个重点监测商圈主要分布在成都，分别为春熙路商圈、骡马市商圈、盐市口商圈、太古里商圈、交子公园商圈、蓉北商圈、建设路商圈、锦华万达商圈、万象城商圈、大悦城商圈。

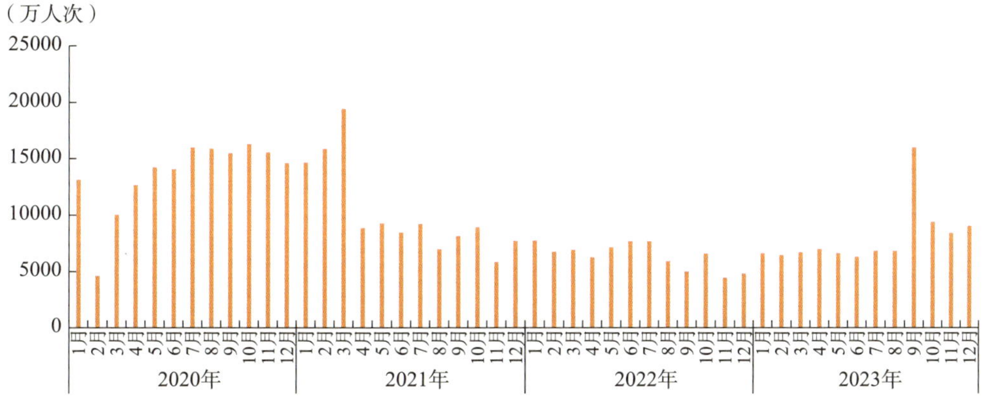

图 2-2-1　成渝线下商圈日均人流量变化情况

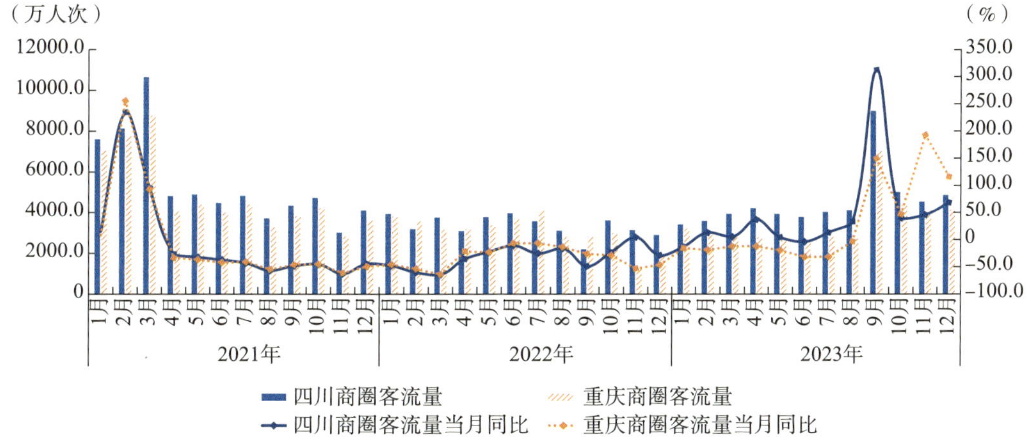

图 2-2-2　成渝线下商圈日均人流量同比增速变化情况

商圈人均驻留时长未明显改善，重庆商圈人均驻留时长略高于成都商圈。更长的驻留时间往往指向更多的消费机会、更多样化的消费方式。2021 年以来，成渝商圈人均驻留时长较为平稳，均值在 2.4 小时左右，与 2020 年的 3.4 小时相比仍有较大差距。2023 年以来，重庆、成都商圈客流量均有明显增长，但人均驻留时长仍未见明显起色，重庆、成都商圈驻留时长分别为 2.4 小时 / 天、2.3 小时 / 天，与 2022 年同期基本持平，反映出居民消费意愿、消费水平仍不高（见图 2-2-3）。

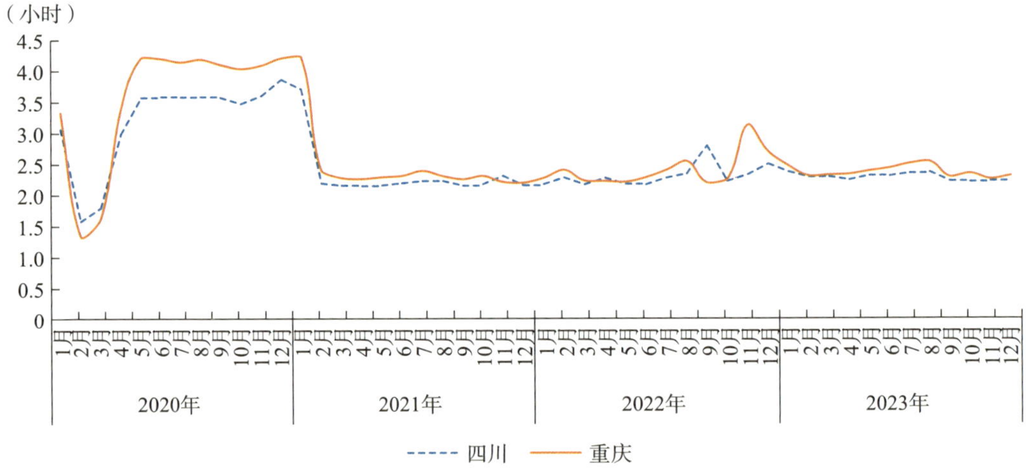

图 2-2-3　成渝线下商圈人均驻留时长变化情况

传统商圈更受外地人青睐，新兴商圈消费吸引力增强。2023 年，重庆解放碑—朝天门、观音桥、大坪商圈日均客流量分别达到 25.9 万人次、23.8 万人次、13.7 万人次，三者占总客流量的 55.5%，是重庆最受喜欢的商圈；解放碑—朝天门、江北嘴、观音桥三大商圈访客中，外省客流占比最高，分别为 50.7%、36.2%、23.5%。成都春熙路、盐市口、交子公园商圈人气最火，日均客流量分别为 51.6 万人次、21.7 万人次、18.0 万人次，三者占总客流量的 61.4%；春熙路、盐市口、骡马市商圈外省客流占比最高，分别达到 27.2%、24.2%、18.7%。从商圈逗留时间来看，重庆商圈排名前三的分别为解放碑—朝天门、嘉州、观音桥，人均驻留时长分别为 2.8 小时、2.6 小时、2.5 小时；成都骡马市、盐市口、春熙路商圈访客逗留时间最长，人均驻留时长分别为 2.7 小时、2.6 小时、2.5 小时。在解放碑—朝天门、春熙路等传统商圈成为全国知名消费地标的同时，重庆江北嘴商圈重庆嘉州商圈，以及成都交子公园商圈等作为“第二代商圈”代表，通过打造时尚、活力、多元的消费场景，也正在加快成长为撬动消费的新引擎（见图 2-2-4、图 2-2-5）。

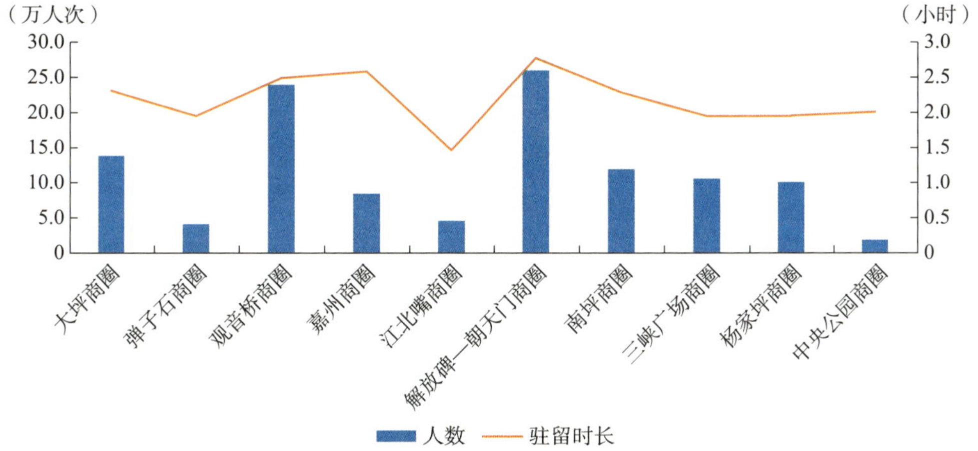

图 2-2-4　2023 年重庆监测商圈日均客流量、人均驻留时长比较

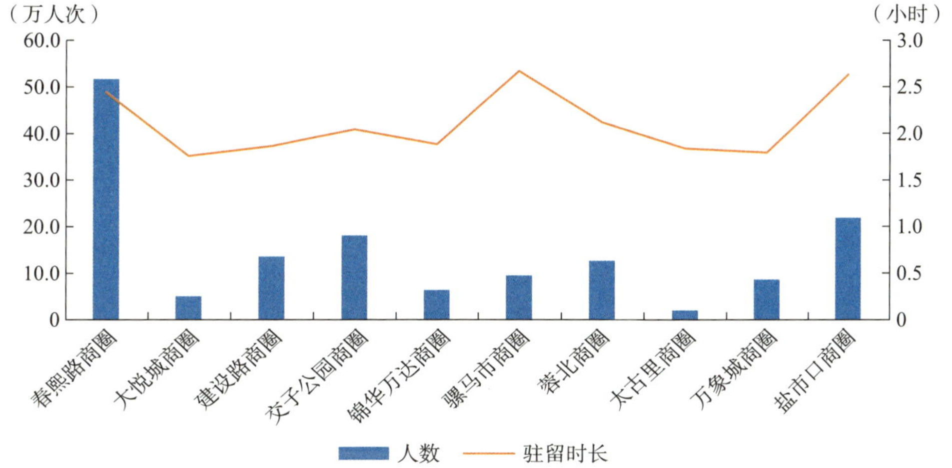

图 2-2-5　2023 年成都监测商圈日均客流量、人均驻留时长比较

（二）商圈访客画像

35 岁以上人群线下消费热情较高，年轻人逛街比重有所下降。自 2021 年以来，35~44 岁、60 及以上消费群体占比呈持续上升态势，2023 年其占比分别为 22.4%、5.5%，较 2021 年提高 2.9 个、1.0 个百分点。这部分群体既有消费需求也有消费能力，未来消费增长潜力空间较大。受就业、收入和消费习惯等因素的影响，商圈到访人群中，35 岁以下消费群体的占比明显下降。2023 年，25~34 岁群体占比为 34.2%，较 2020 年下降 1.0 个百分点；19~24

岁年轻群体占比降幅更为明显，比 2020 年下降 2.8 个百分点（见图 2-2-6）。

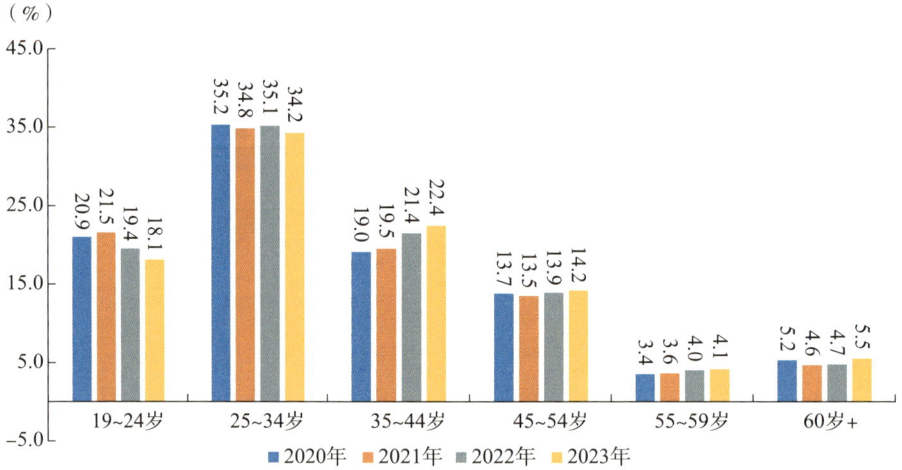

图 2-2-6　成渝商圈客流年龄结构特征

商圈男性客流占比超过女性，男性消费潜力需得到更多关注。从商圈客流量性别结构数据来看，男性访客比重呈持续上升态势。2023 年，男性占比达到 57.7%，比 2020 年提高 2.1 个百分点，高于女性占比 15.4 个百分点。调研反映，一方面主要由于男性往往承担着“车夫”或“陪伴者”“买单者”的角色，另一方面近年来电玩竞技、VR 体验、科技体验等新业态加快发展，成为吸引男性消费者的主力，助力“他经济”消费潜力加快释放（见图 2-2-7）。

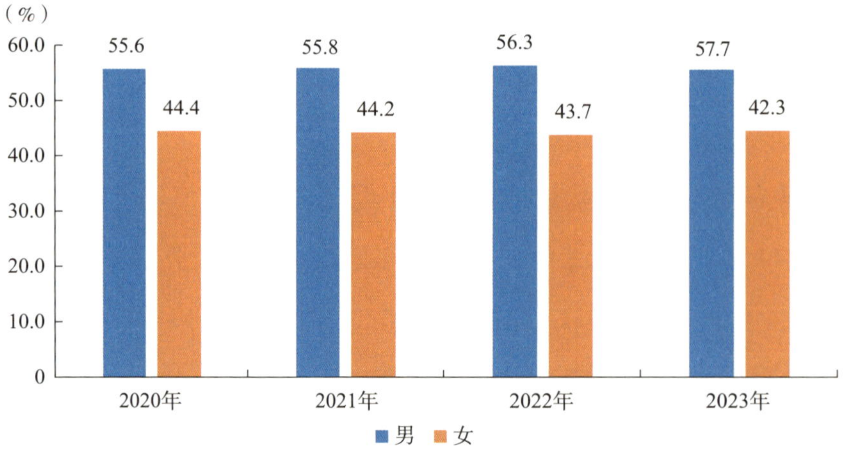

图 2-2-7　成渝商圈客流性别结构特征

四川是重庆商圈外省访客的主要来源地，广东是成都商圈外省访客的主要来源地。2023 年以来，重庆商圈访客中，73.9% 来自市内，市外的四川、贵州、广东等访客占比排名前列，比重分别为 7.3%、2.3%、1.7%。成都商圈访客中，72.8% 来自省内，省外的广东、陕西、重庆占比相对较大，比重分别为 1.9%、1.4%、1.3%。反映出，除川渝周边地区外，沿海地区的广东、河南、山东等人口大省以及上海、北京等发达地区游客到访重庆、成都商圈的人数也相对较多，潜在市场空间较大（见图 2-2-8、图 2-2-9）。

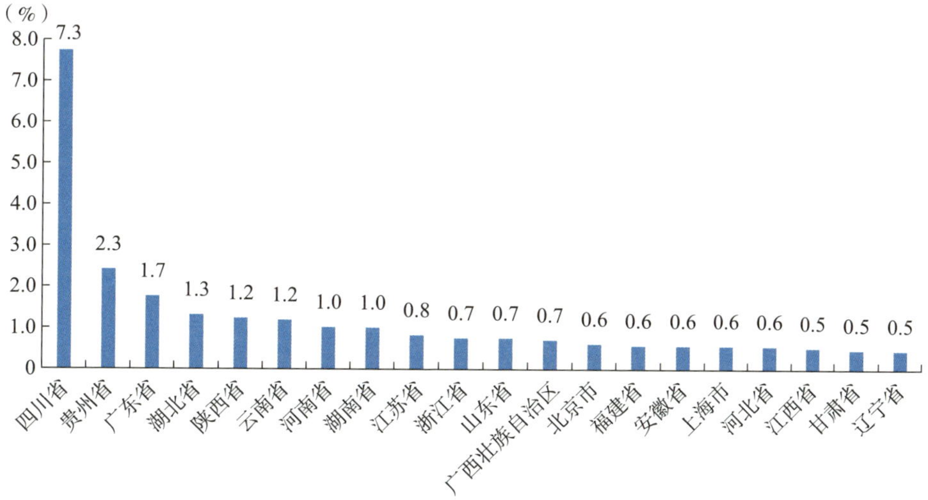

图 2-2-8　2023 年重庆商圈外省客流来源地（人数前二十）

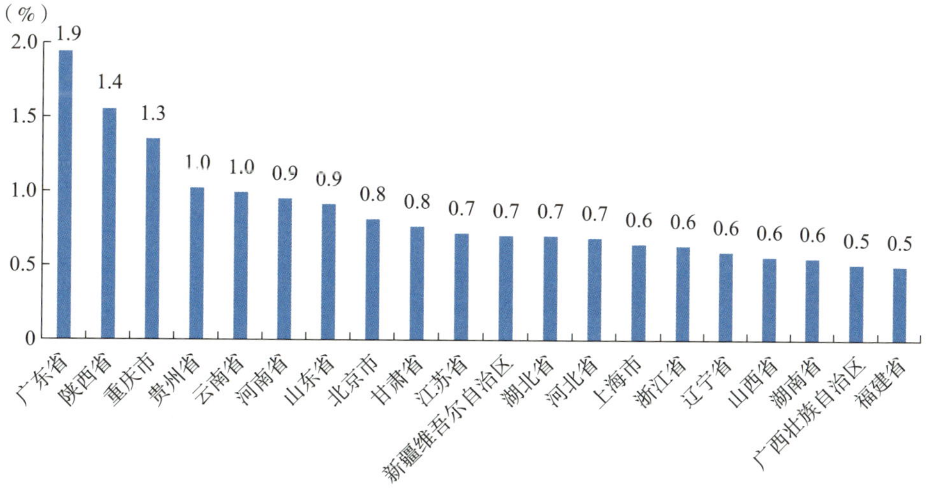

图 2-2-9　2023 年成都商圈外省客流来源地（人数前二十）

（三）成渝互访消费

成渝商圈“跨省市打卡”消费热情逐步走高。2023 年，成渝商圈“跨省市打卡”人数呈快速恢复态势。2023 年，两地互访客流量 3800.3 万人次，达到 2022 年的 1.7 倍，较 2020 年增长 20.4%。尤其是 9 月份，在智博会召开、高校开学返校以及上年低基数的带动下，成渝商圈“跨省市打卡”人数当月同比增长 556.2%，增速达到近两年来的最高水平（见图 2-2-10）。

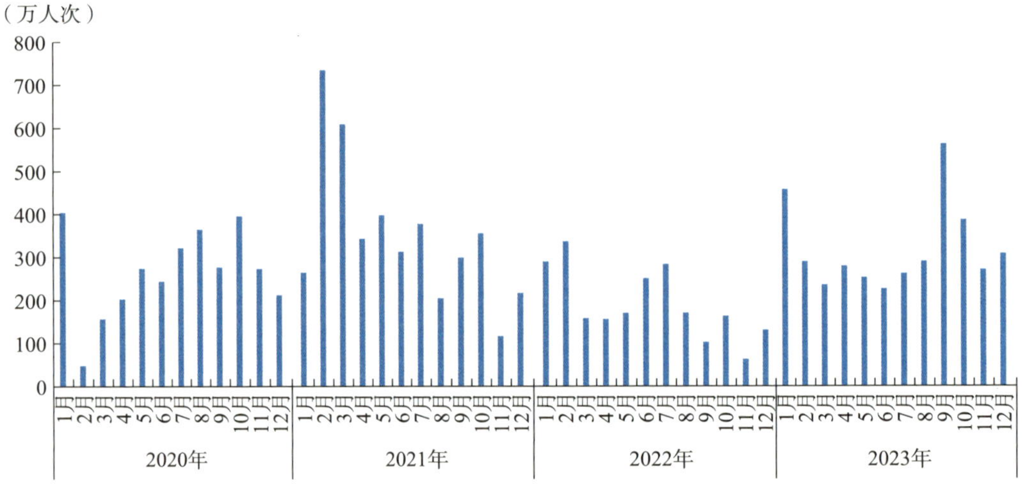

图 2-2-10　成渝商圈跨省市流动人数变化情况

江北人最爱去四川商圈“打卡”，成都人最爱来重庆商圈“串门”。重庆江北、渝北、沙坪坝人最爱去成都商圈玩耍，2023 年以来，跨省去四川商圈“打卡”的重庆人中，分别有 12.1%、10.9%、6.5% 的人来自江北、渝北、沙坪坝，且最爱去的成都商圈是春熙路、盐市口。成都、广安、达州人来重庆商圈消费人数最多，分别占四川来渝“串门”总人数的 31.7%、13.7%、10.5%，偏爱的重庆商圈是解放碑—朝天门和观音桥商圈（见图 2-2-11、图 2-2-12）。

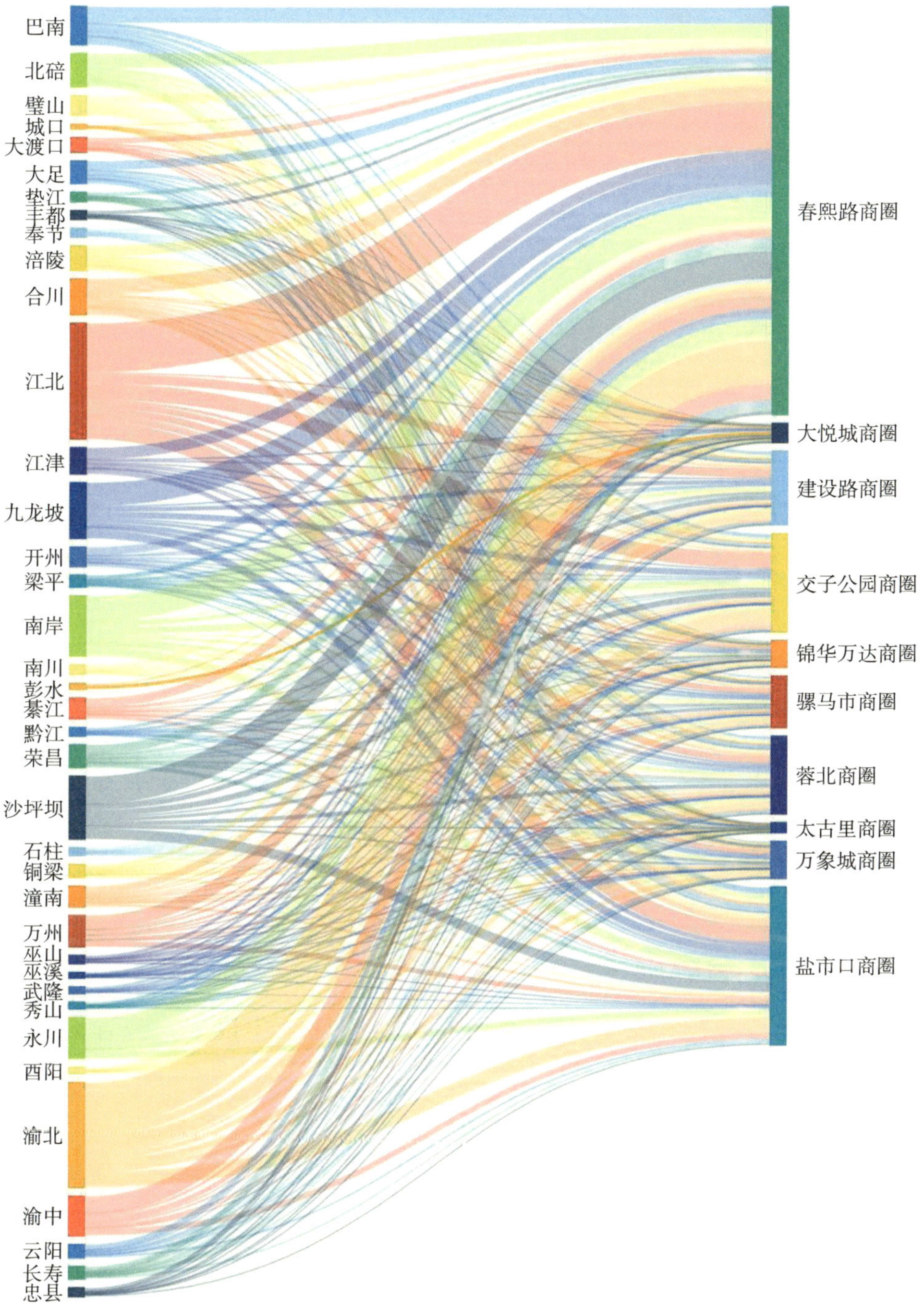

图 2-2-11　重庆人最爱去的四川商圈分布

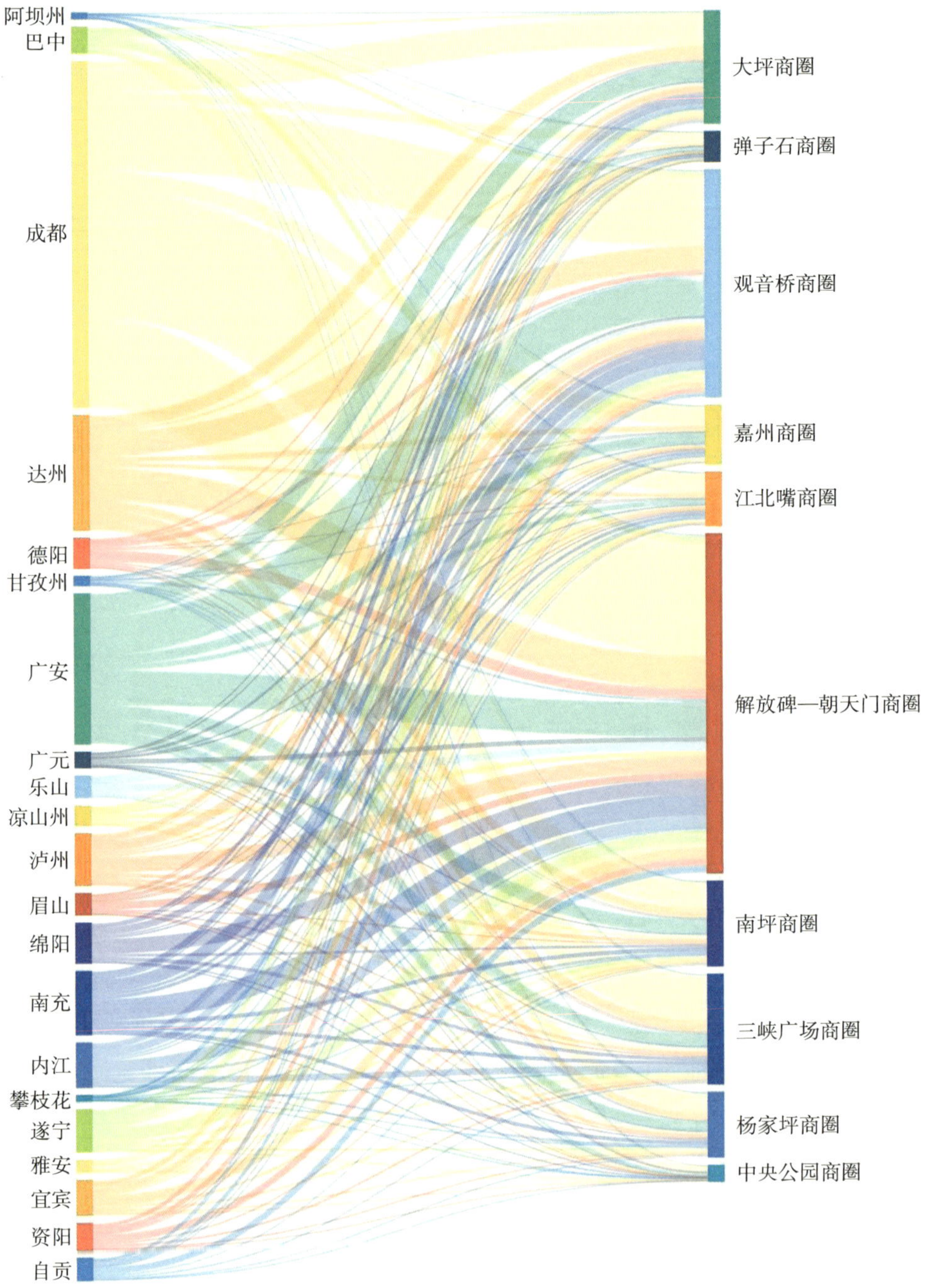

图 2-2-12　四川人最爱去的重庆商圈分布

三、景区旅游大数据分析

景区旅游大数据主要是基于联通手机信令数据、App位置服务等技术手段和多源数据，按照算法模型[①]，对2020年以来重庆、四川共计27家5A级旅游景区[②]的客流量、驻留时长、游客属性等情况进行分析，反映成渝地区双城经济圈旅游热度、区域客流特征、游客特征变化等情况。

（一）5A级旅游景区旅游热度

景区游客人数总体呈波动式回暖态势，整体仍未恢复到疫情初期水平。2022年以来，由于疫情反复扰动，居民出行旅游受到限制，川渝两地5A级旅游景区日均到访16.2万人次，较2021年下降28.3%。2023年，随着疫情防控平稳转段、促消费政策持续发力，川渝景区旅游热度加快回暖，日均到访22.7万人次，是2022年的1.4倍，但仍然仅为疫情初期2020年全年水平的44.7%，未来川渝两地5A级旅游景区客流量仍有较大增长空间（见图2-3-1）。

① 识别区域内的联通基站，统计当日景区内驻留时长超过30分钟的用户数（剔除当中常住用户）。

② 27家5A级旅游景区：重庆11家，包括武隆喀斯特旅游区（天生三桥·仙女山·芙蓉洞）、大足石刻景区、巫山小三峡—小小三峡、酉阳桃花源景区、万盛黑山谷景区、南川金佛山景区、江津四面山景区、云阳龙缸景区、彭水阿依河景区、黔江濯水景区、奉节白帝城瞿塘峡景区；四川16家，包括青城山—都江堰旅游景区、峨眉山风景名胜区、九寨沟风景名胜区、乐山大佛景区、黄龙国家级风景名胜区、汶川特别旅游区、北川羌城旅游区、邓小平故里旅游区、阆中古城、剑门蜀道剑门关旅游景区、朱德故里景区、泸定海螺沟冰川森林公园、碧峰峡旅游景区、巴中市光雾山景区、甘孜州稻城亚丁景区、安仁古镇景区。

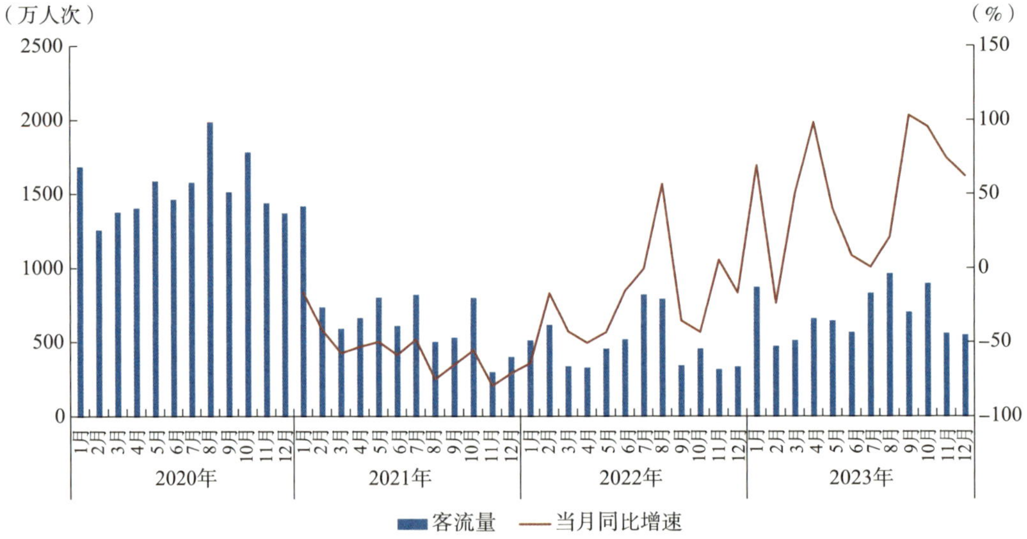

图 2-3-1　2020 年以来川渝 5A 级旅游景区到访人数变化情况

四川景区回暖程度好于重庆，外地游客增长成为川渝景区回暖的主要贡献力量。2023 年以来，重庆、四川旅游市场加快回暖，客流量均实现正增长。其中，四川 5A 级旅游景区客流量较上年增长 72.1%，已恢复到 2020 年同期的 90.5%，重庆 5A 级旅游景区客流量增长 8.1%，是 2020 年同期水平的 24.5%，恢复情况与四川景区相比存在一定差距。究其原因，一方面是重庆“顶流”武隆景区[①]客流恢复较慢，2023 年到访游客数量较上年增长 23.7%，与四川九寨沟（204.7%）、都江堰（153.2%）、峨眉山（80.4%）相比差距较大；另一方面，2023 年暑期由于天气相对上年凉爽，虽然重庆 5A 级旅游景区外地游客客流量仍同比增长 79.1%，但由于本地游客人数减少 28.5%[②]，导致全市总体暑期到访人数总量较上年同期下降 14.7%（见图 2-3-2、图 2-3-3）。

① 2023 年，重庆武隆喀斯特旅游区（天生三桥 · 仙女山 · 芙蓉洞）到访客流占重庆全部 5A 级旅游景区客流的 49.5%，是重庆游客最多的 5A 级旅游景区。

② 2023 年 7—8 月，江津四面山、南川金佛山、万盛黑山谷等避暑胜地游客分别同比下降 40.9%、25.0%、22.8%。

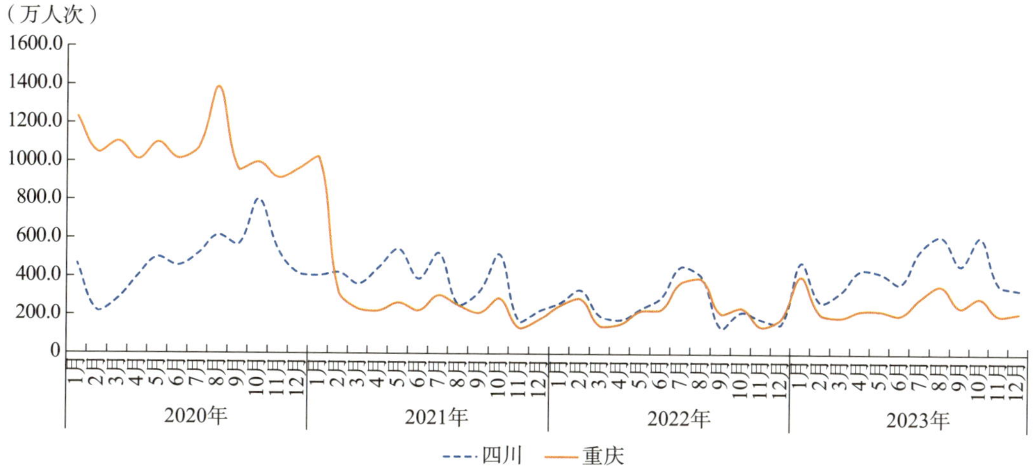

图 2-3-2　川渝 5A 级旅游景区到访人数变化情况

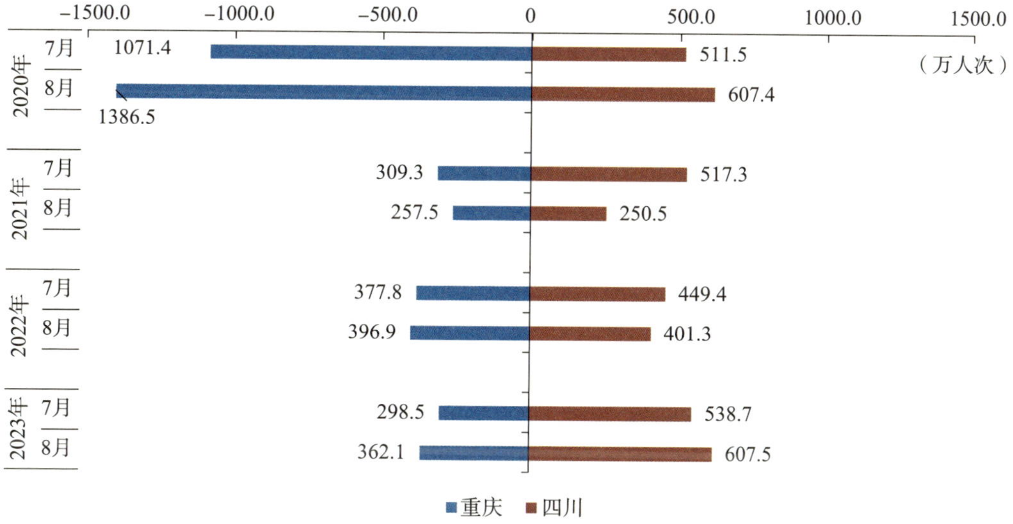

图 2-3-3　川渝两地暑期 5A 级旅游景区到访人数变化情况

自然景区成为川渝 5A 级旅游景区游客增长的“领跑者”。2023 年疫情防控平稳转段之后，人少、地广、空气清新的自然景观景区成为人们节假日放松心情的首选去处。2023 年，川渝两地自然景区中到访游客数量居前列的黄龙风景区、九寨沟、海螺沟冰川森林公园等游客分别增长 262.9%、209.7%、188.6%，而同期川渝两地人文景区中到访游客数量居前列的阆中古城、安仁古镇、汶川特别旅游区等游客仅增长 15.7%、30.7%、16.7%，增速均低于景区平均水平（见图 2-3-4、图 2-3-5）。

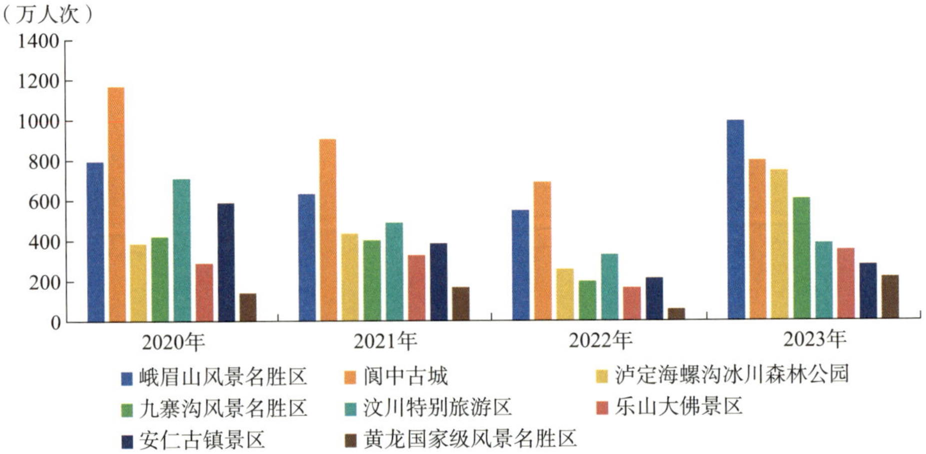

图 2-3-4　四川 5A 级旅游景区到访游客数量（客流量前八的景区）

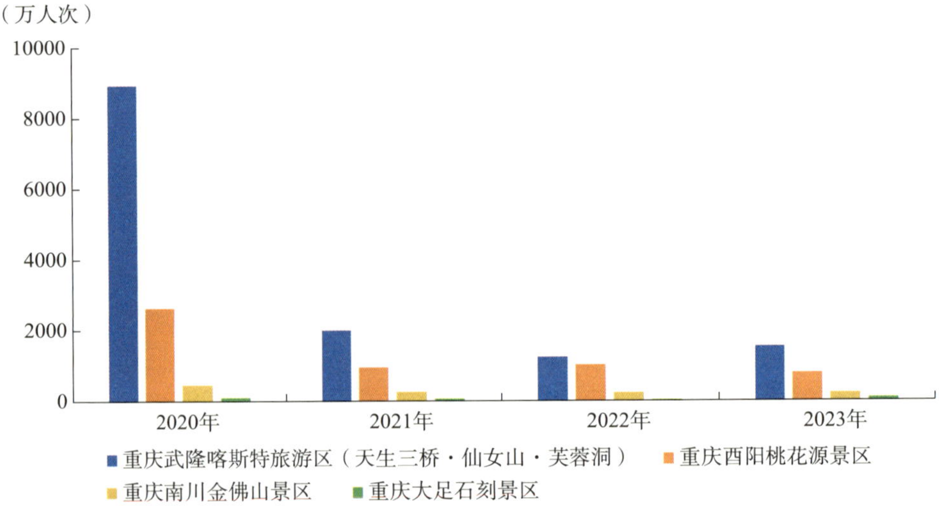

图 2-3-5　重庆 5A 级旅游景区到访游客数量（客流量前四的景区）

（二）5A 级旅游景区游客画像

"90 后"数量最多、60 岁 + 退休群体增长最快，男性比例持续高于女性。在 5A 级旅游景区游客中，"90 后""80 后"成为旅游市场主力军，2021 年以来，"90 后""80 后"客流基本分别占总游客人数的 1/4、1/5 左右。60 岁以上退休群体比重明显提升，2023 年，60 岁 + 游客比重为 11.5%，较 2022 年的 6.6% 大幅提升 4.9 个百分点，"银发游"市场蕴含巨大潜力。男性游川渝的意愿更强，近年来，景区男性游客比例基本稳定在 60% 左右，男性游客比例高于女性约 20 个百分点（见图 2-3-6、图 2-3-7）。

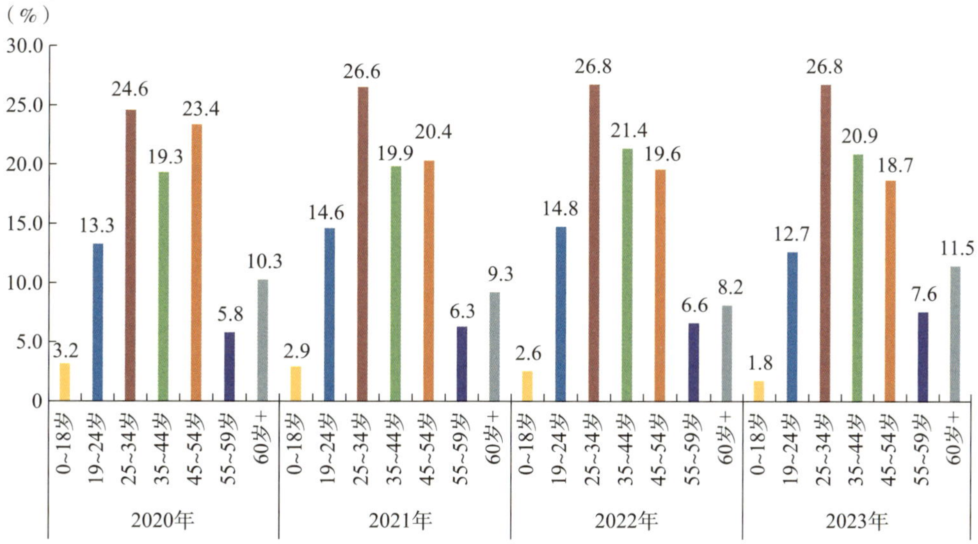

图 2-3-6　川渝景区游客年龄结构特征

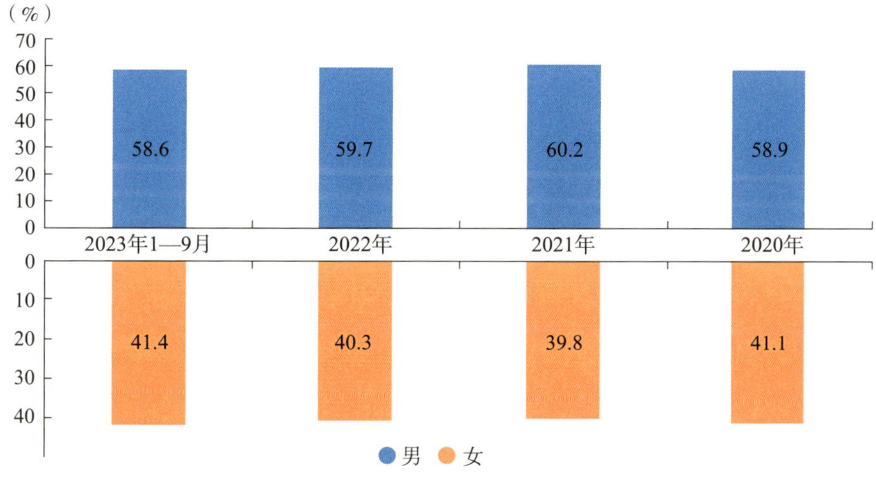

图 2-3-7　川渝景区游客性别结构特征

广东、陕西、山东是川渝最大的外省游客客源地。作为国内知名的旅游输出地，广东人爱旅游、消费能力强特征显著，广东省也是川渝 5A 级旅游景区最大的客源地，2023 年，广东到访游客 209.7 万人次，占外省游客总量的

8.5%，居外省游客第一位。川陕渝往来交通便利，文旅合作交流密切，三地旅游客源互相输出，陕西也成为川渝第二大游客客源地，2023 年陕西到访游客 172.6 万人次，占外省游客总数的 7.0%。此外，山东省、河南省、贵州省、湖北省等也是川渝 5A 级旅游景区的主要游客客源地，分别占外省游客人数的 6.2%、6.0%、5.6%、5.6%（见图 2–3–8）。

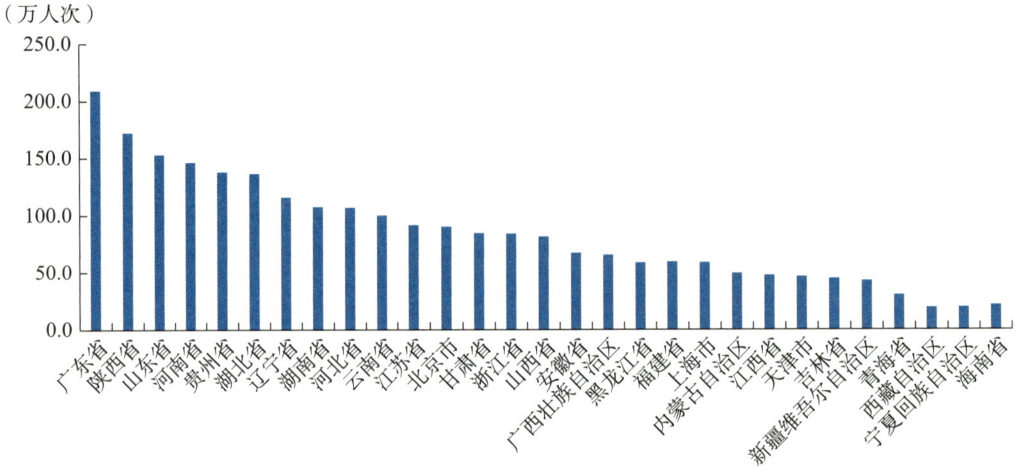

图 2–3–8　2023 年川渝景区游客客源地特征

（三）川渝跨省旅游

重庆和四川互为对方最大的游客客源地，重庆到四川旅游人数增长更快。2020 年、2021 年，川渝间互游人数稳步上升，2022 年受出行限制影响有所减少，但 2023 年以来，随着疫情影响消退，川渝互游呈爆发式增长态势，全年互游人数就达到 390.9 万人次，是 2022 年的 2.7 倍、2020 年的 1.6 倍。其中，重庆接待四川游客 171.4 万人次，占互游总人数的 43.8%，较 2022 年增长 90.6%；四川接待重庆游客 219.6 万人次，占互游总人数的 45.8%，达到上年全年人数的 4.1 倍，重庆到四川旅游人数增速明显高于四川到重庆游客增长水平（见图 2–3–9、图 2–3–10）。

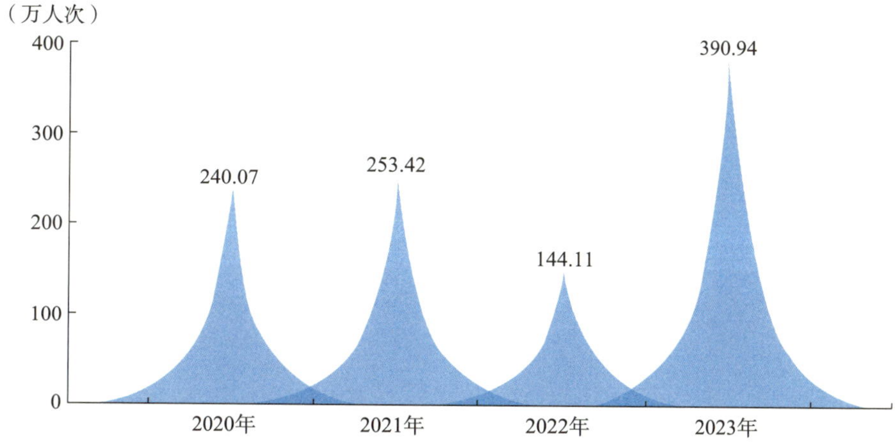

图 2-3-9 川渝互游人数变化情况

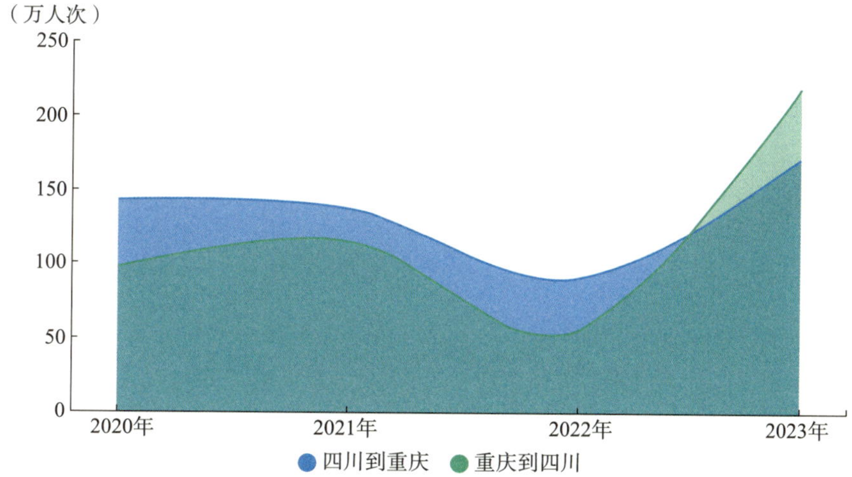

图 2-3-10 重庆到四川旅游和四川到重庆旅游人数变化情况

四川成都和川东北地区来渝游玩人数最多，重庆中心城区和渝西地区去四川旅游人数占比最大。2023 年，四川到重庆 5A 级旅游景点旅游的游客中，来自成都市、达州市、广安市、南充市、泸州市等地的人数最多，占比分别为 25.4%、9.2%、8.8%、8.3%、6.4%。重庆到四川 5A 级旅游景点旅游人群中，渝北区、江北区、九龙坡区、沙坪坝区、南岸区去四川旅游意愿更为强烈，占游川总人数比重分别为 10.6%、9.6%、6.6%、6.4%、5.8%（见图 2-3-11）。

重庆武隆喀斯特旅游区、南川金佛山景区、大足石刻景区是四川人最热衷游玩的重庆景点，四川峨眉山、青城山—都江堰、阆中古城是重庆人最爱逛的三大景点。在川渝互游热衷目的地中，重庆武隆喀斯特旅游区、南川金佛山、大足石刻、黔江濯水、酉阳桃花源的旅游热度排名前五，2023 年游客人数占比分别为 69.6%、7.2%、6.7%、5.1%、4.7%；四川峨眉山、青城山—都江堰、阆中古城、汶川特别旅游区、乐山大佛等上榜重庆人最爱逛的四川景区，占比分别为 22.2%、14.6%、14.6%、8.9%、8.7%（见图 2-3-12）。

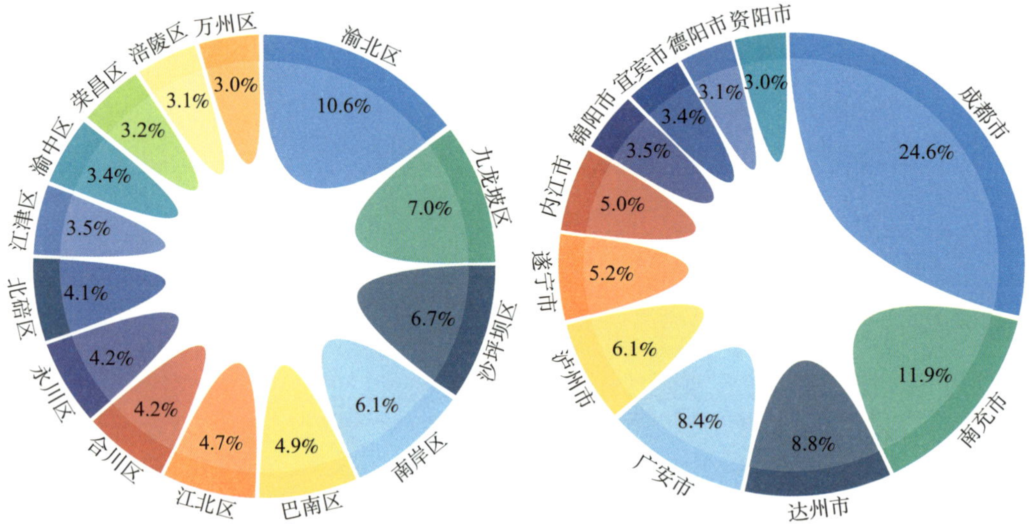

重庆最喜欢去四川旅游的区县
（仅显示人数占比不小于3%的区县）

四川最喜欢去重庆旅游的市州
（仅显示人数占比不小于3%的市州）

图 2-3-11　2023 年以来川渝互游的区域特征

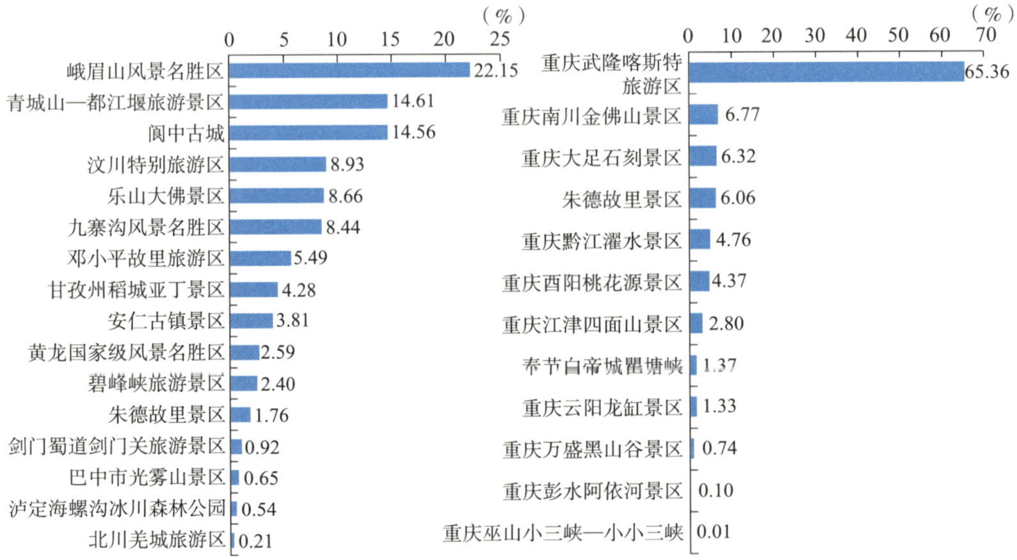

最受四川人喜欢的重庆景区

最受重庆人喜欢的四川景区

图 2-3-12　2023 年以来川渝互游的景区特征

四、园区用工大数据分析

园区用工大数据主要是基于各个园区的AOI[①]（Area of Interest，又叫兴趣面）和当地用户职住变动轨迹，结合用户当月日驻留信息，通过跟踪监测川渝两地34个国家级园区平台[②]就业人口数量[③]和园区联系紧密度[④]，分析园区的产业表现和就业水平，以及两地园区间联系紧密度等情况，反映全市工业经济活跃度、就业人员集聚度和流失情况。

（一）园区用工规模

川渝双核园区就业容纳能力强，四川园区就业密度高于重庆。2020年以来，国家级园区月均就业人数达到1828.1万人次，占两地常住人口总数的15.7%，其中，重庆两江新区、四川天府新区居前两位，月均就业人数分别达到542.8万人次、427.6万人次，其次为成都高新区、成都经开区、重庆高新区，月均就业人数均在100万人次以上。四川园区就业密度较高，月均就业密度达到5000人次/平方千米以上的园区有7个，其中，成都高新区、成都经开区分别为1.96万人次/平方千米、1.5万人次/平方千米，居川渝前两位；重庆园区月均就业密度达到5000人次/平方千米以上的园区有荣昌高新区和

① 园区的边界坐标。

② 包括川渝所有国家级新区、高新区、经开区、综保区等开发开放平台，其中重庆14个、四川20个。

③ 园区就业人口数据是基于各个园区的AOI和当地用户职住变动轨迹，识别在各园区内上班的用户人群，并通过扩样模型，按月统计汇总各园区上班人群数量。

④ 园区联系紧密度数据是基于上述识别的各园区上班用户人群，结合用户当月日驻留信息，筛选出这些上班用户中到访过其他区域（川或渝）园区的用户，统计汇总园区互访人数，计算得到联系紧密度指数。

璧山高新区 2 个，分别达到 6923 人次 / 平方千米、5091 人次 / 平方千米，居川渝第 4 位和第 8 位（见图 2-4-1）。

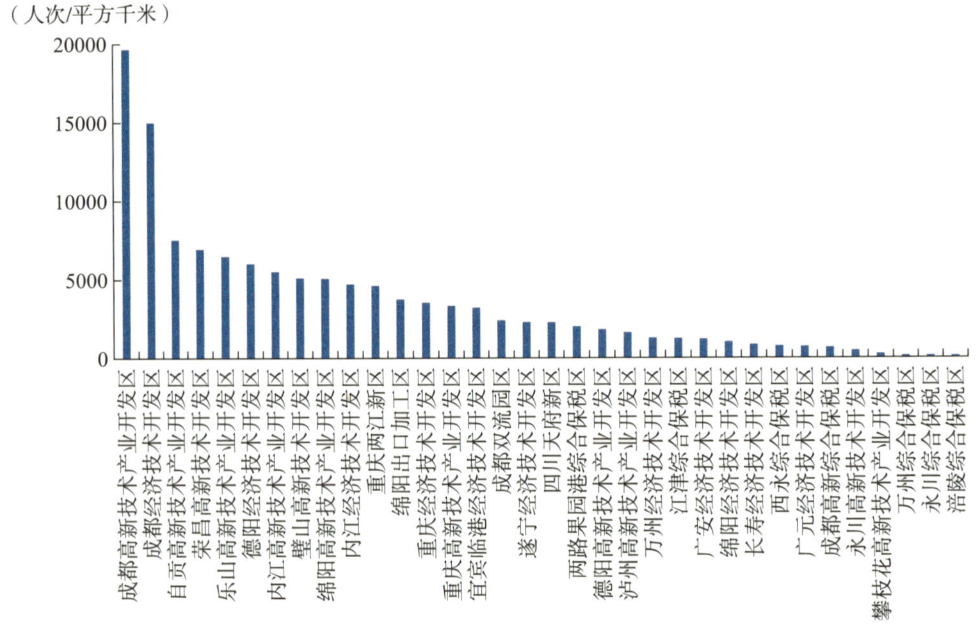

图 2-4-1　2020 年以来川渝园区月均就业密度分布

园区用工整体呈恢复态势，但短期来看就业压力仍然较大。2020—2023 年，川渝园区月均就业人数分别为 1782.6 万人次、1866.6 万人次、1807.6 万人次、1855.7 万人次，其中，2020 年和 2022 年主要受全球需求减弱、全国经济下行、新冠疫情反复影响，企业生产经营困难增加，对就业吸纳能力不足。2023 年，川渝园区用工水平加快恢复，月均就业数量明显高于 2020 年和 2022 年，但仍比 2021 年低 0.6%，反映出短期经济尚未完全恢复，增长动力仍然不足。川渝园区月均用工人数分布见图 2-4-2。

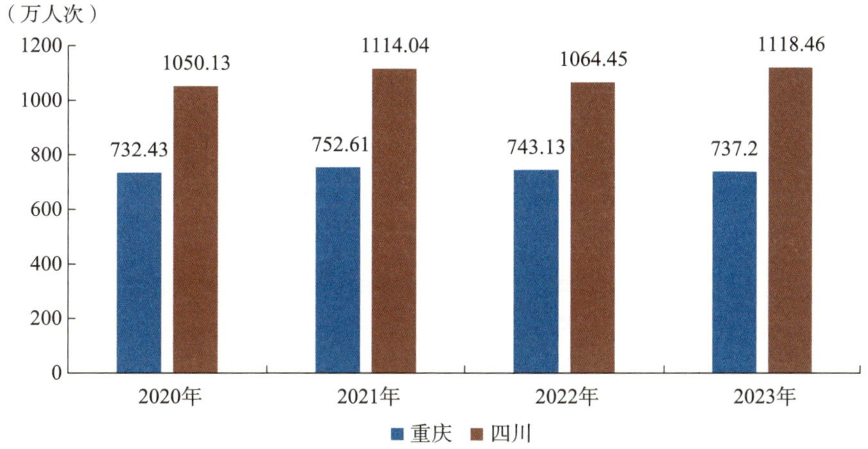

图 2-4-2　川渝园区月均用工人数分布

四川园区用工恢复情况相对较好，重庆园区就业转型压力较大。2023年以来，成都主要园区月均就业人数增长趋势明显，1—9 月，成都双流园区、成都高新综保区、成都高新区、天府新区月均就业同比分别增长 23.7%、17.5%、7%、6.9%，经济活跃度正在逐步恢复。受中美贸易争端、机器换人等因素影响，重庆主要园区尤其是加工贸易型园区月均就业人数仍呈现回落态势，1—9 月，西永综保区、两路果园港综保区、长寿经开区、重庆经开区月均就业同比分别下降 50.1%、25.8%、11.1%、7.8%。

（二）园区人员往来

成渝双核园区联系紧密度最高，毗邻地区园区往来潜力较大。在川渝两地电子信息、汽车等产业链相互配套率不断提高的背景下，2020 年以来，重庆中心城区和成都市双核园区月均互访人数达到 190.3 万人次，占川渝两地园区人员交流总数的 82.5%。其中，两江新区与天府新区、两江新区与成都经开区、两江新区与成都高新区间联系紧密度分别位列川渝前三，月均互访人数分别为 58.8 万人次、38.9 万人次、34.4 万人次，分别占成渝双核园区月均互访总人数的 30.9%、20.4%、18.1%。调研显示，两地汽车配套企业已达 400 多家，电子信息制造业配套率超过 50%。毗邻地区园区往来较非毗邻地区更为密切，2020 年以来，毗邻地区园区月均到访人数为 27.5 万人次，占两地园区人员交流总数的 11.9%，是非毗邻地区的 1.8 倍。其中，两江新区与广安经开区、荣昌高新区与内江高新区月均往来人数分别达到 3.2 万人次、2.8 万人次，居毗邻地区园区互访量前两位（见图 2-4-3）。

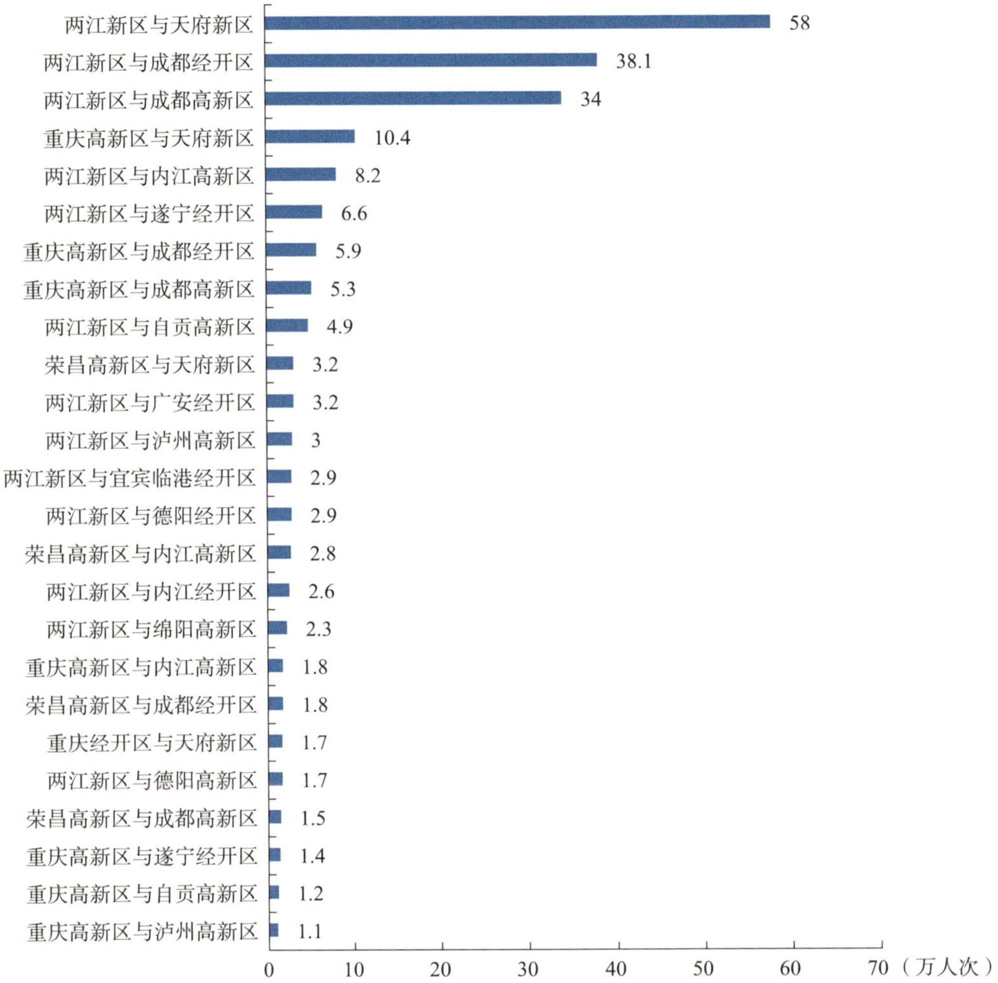

图 2-4-3 川渝主要园区就业人员互访人数比较

成渝双核和毗邻地区园区互访升温较快，非毗邻地区园区互访仍较低迷。川渝园区间人员往来数总体呈恢复态势，2023 年，川渝园区月均互访人数为 260.1 万人次，已恢复到 2021 年、2022 年同期的 98.5%、142.9%。其中，四川天府新区到访两路果园港综保区、广安经开区到荣昌高新区的月均人数较2020年增长近2.3倍，璧山高新区到内江高新区人数月均增长40.4%、重庆高新区到四川天府新区人数月均增长近30%，园区人口流动更加频繁。但两地非毗邻地区园区互访水平仍然较低，如乐山高新区到万州经开区、江津综保区到攀枝花高新区、广元经开区到万州综保区的到访就业人数较少（见图2-4-4、图2-4-5）。

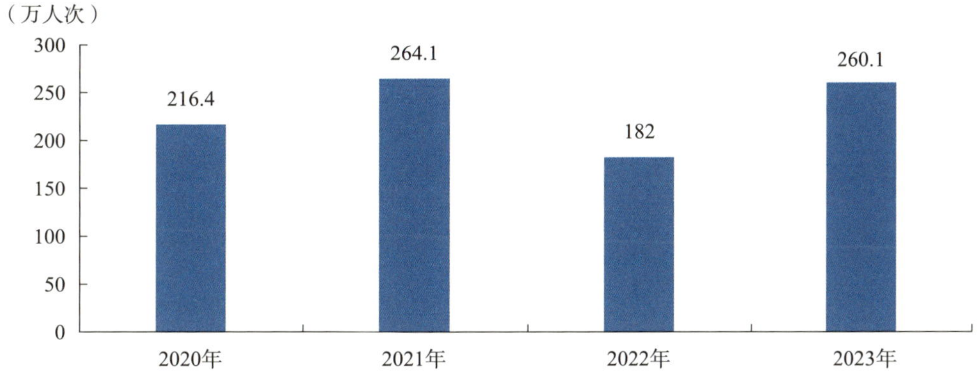

图 2-4-4　川渝两地园区互访总人数年度分布

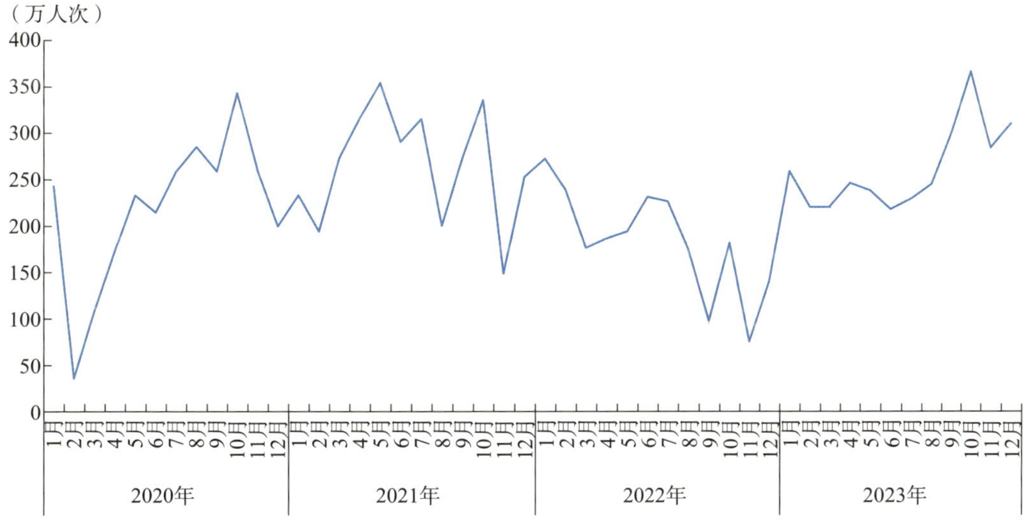

图 2-4-5　川渝两地园区就业人员互访人数趋势

五、就业创业大数据分析

居民就业创业大数据主要基于国内主流招聘网站、目标群体常用 App、运营商通话等数据，对川渝地区不同区域、不同类型求职、就业人员规模进行跟踪监测，分析居民就业在时间、空间等维度的主要特征和变化趋势，并重点对外卖骑手、网约车司机、快递员[①]等三类新经济新业态从业人员规模变动情况进行监测，分析川渝两地新业态发展情况。

（一）求职人数变动情况

川渝求职人数总体呈上升趋势，劳动力市场竞争不断加剧。2020—2023 年，川渝求职人数分别为 2154.04 万人次、4029.48 万人次、4189.02 万人次、6231.44 万人次，年均增速达到 42.49%，其中，2020 年主要受疫情影响川渝进场求职人数整体处于低位，之后在经济下行叠加产业升级背景下，一方面企业招聘需求逐步向“少而精”转变，另一方面劳动力市场求职规模继续上升，2023 年，川渝求职人数已经接近 2022 年全年的 1.5 倍，反映出当前川渝就业形势依然严峻、竞争更为激烈（见图 2-5-1、图 2-5-2）。

---

① 外卖骑手：近三个月外卖骑手类 App 平均使用次数大于 50 次，且近一个月与隐私号通话大于 10 次，加权平均速度在 15~30 千米 / 小时，月平均运动距离大于 10 千米的人群。

网约车司机：近三个月网约车类 App 平均使用次数大于 50 次，且近一个月与隐私号通话大于 10 次，月加权平均速度在 20~100 千米 / 小时，月平均运动距离大于 10 千米的人群。

快递员：近三个月快递类 App 平均使用次数大于 50 次，且近一个月运动距离大于 10 千米的人群。

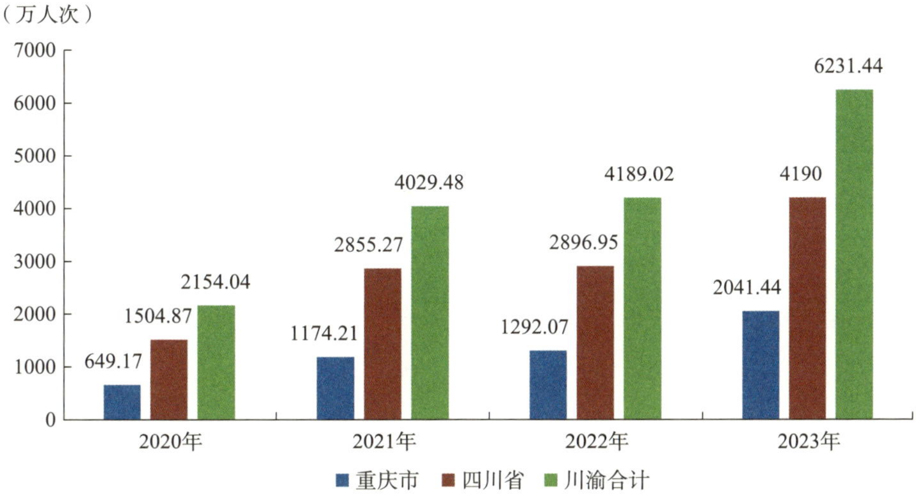

图 2-5-1 川渝求职人数年度变化情况

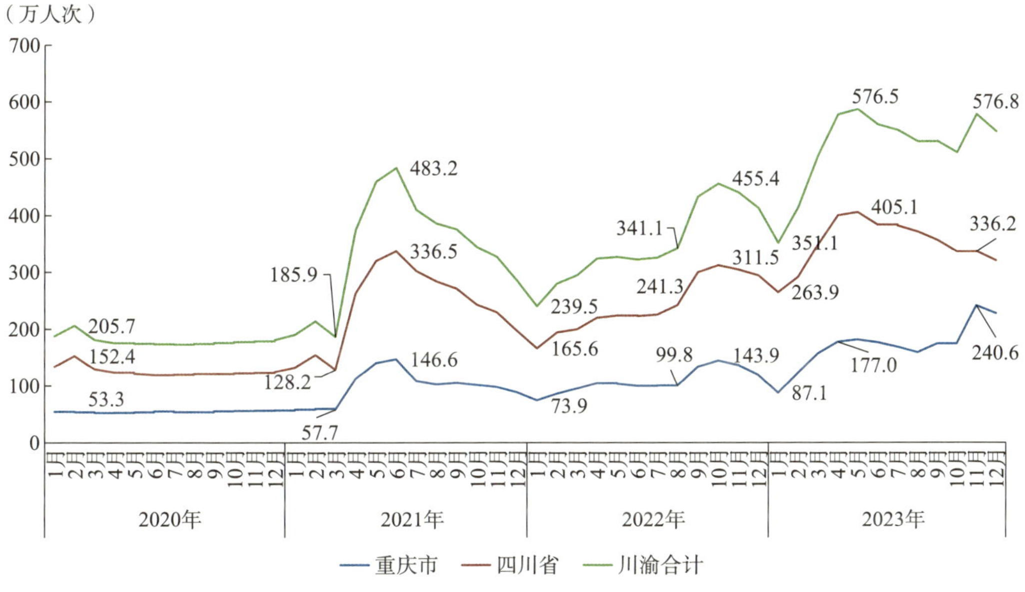

图 2-5-2 川渝求职人数月度变化情况

两地求职群体与人口规模比例基本一致，成渝双核是主要求职区域。2020—2023 年，重庆求职总人数分别为 649.18 万人次、1174.21 万人次、1292.05 万人次、2041.43 万人次，四川省求职总人数分别为 1504.87 万人次、2855.27 万人次、2896.95 万人次、4189.99 万人次，四川省求职总人数分别约为重庆的 2.32 倍、2.43 倍、2.24 倍、2.05 倍，整体与两省市常住人口规模比例基本一致，反映川渝两地求职群体规模比例相似。分区域来看，成渝双核人口密度高，求职人数占比也高。其中，重庆主城都市区求职人数接近重庆总求职人数的 90%，中心城区、主城新区分别占全市的 75%、15%，渝东北、渝东南分别占 7%、3%；成都市求职人数约占四川省总求职人数的 50%，排在第二、第三位的绵阳市、达州市，分别占四川省总求职人数的 5.2%、4.1%（见图 2-5-3、图 2-5-4）。

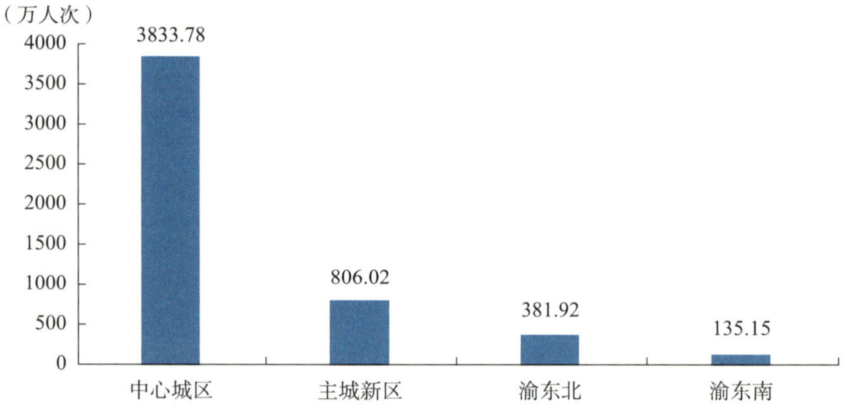

图 2-5-3　2020—2023 年重庆各区域板块求职总人数情况

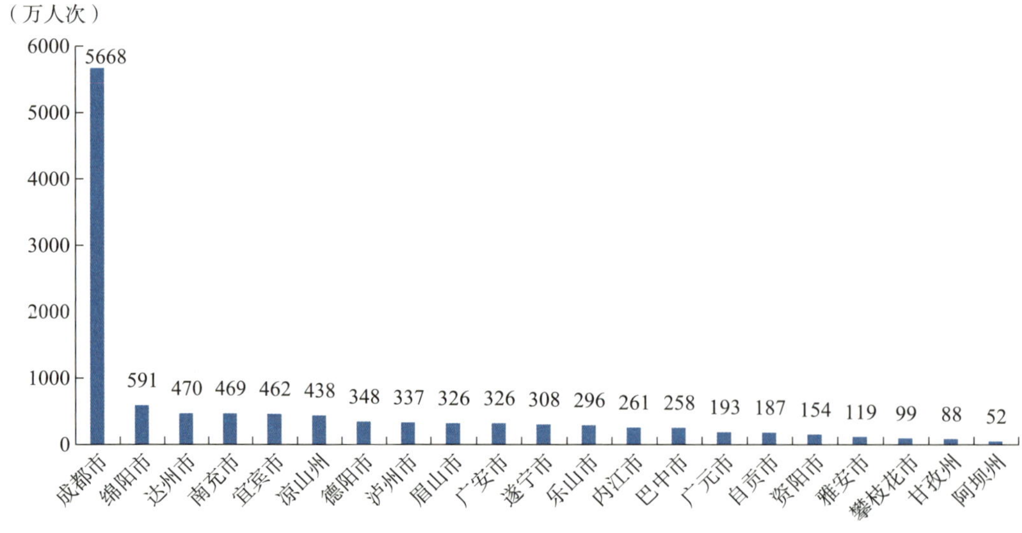

图 2-5-4　2020—2023 年四川各州市求职总人数情况

（二）三类新业态情况

网约车司机、外卖骑手从业人员规模较大，快递员相对较为稳定。从近一年数据来看，川渝两地网约车司机、外卖骑手、快递员三类新业态岗位就业群体中，网约车司机人数最多，且就业呈上升态势，近一年累计就业约336.42万人次，是外卖骑手数量的1.06倍、快递员数量的1.85倍。受失业潮影响，加之工作相对自由、收入较为可观等因素吸引，2023年8月份以来，川渝网约车司机、外卖骑手呈大幅度上升态势，至12月，网约车司机、外卖骑手人数当月同比增速分别达到79.0%、71.0%，反映出外卖、网约车平台在缓解劳动力市场短时期压力方面发挥了“蓄水池”“缓冲器”作用。而快递员受经济景气度有所下降影响，就业人员数量有所回落，12月当月同比下降15.9%（见图2-5-5）。

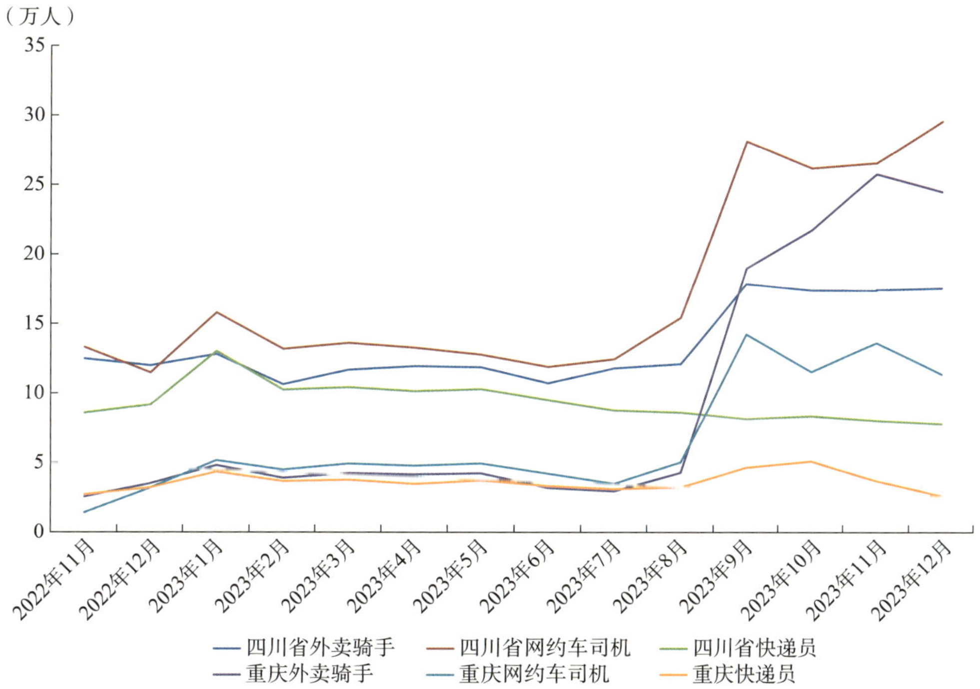

图2-5-5　2022年11月至2023年12月川渝三类新业态就业情况

新业态从业群体规模与区域经济发展水平成正比，成都市、渝中区等都市旅游发达地区外卖人员比例最高。从区域分布来看，重庆中心城区三类就业群体占全市的73.4%，远高于中心城区GDP比重（2022年39.0%）；成都市三类就业群体占四川省的55.4%，也高于成都市GDP比重（2022年36.7%），表明川渝核心地区新业态发育程度相对更高。2023年8月后新增的网约车司机、外卖骑手约80%位于重庆中心城区和成都市，进一步增加了成渝“双核”的新业态从业人员规模和占比，重庆中心城区快递员规模增加更加显著，成都市新增网约车司机规模更大，极核地区新业态吸引就业的作用持续增强。从三类新业态从业人员比例看，重庆中心城区消费者餐饮线上消费偏好显著，外卖人员比例明显高于其他区域；成都市网约车司机占比最大，且近期增长明显；阿坝州、凉山州、甘孜州、攀枝花市、忠县、云阳县、奉节县等区域，因位置较偏远，线上购物送达距离大，快递员占比显著偏高（见图2-5-6、图2-5-7）。

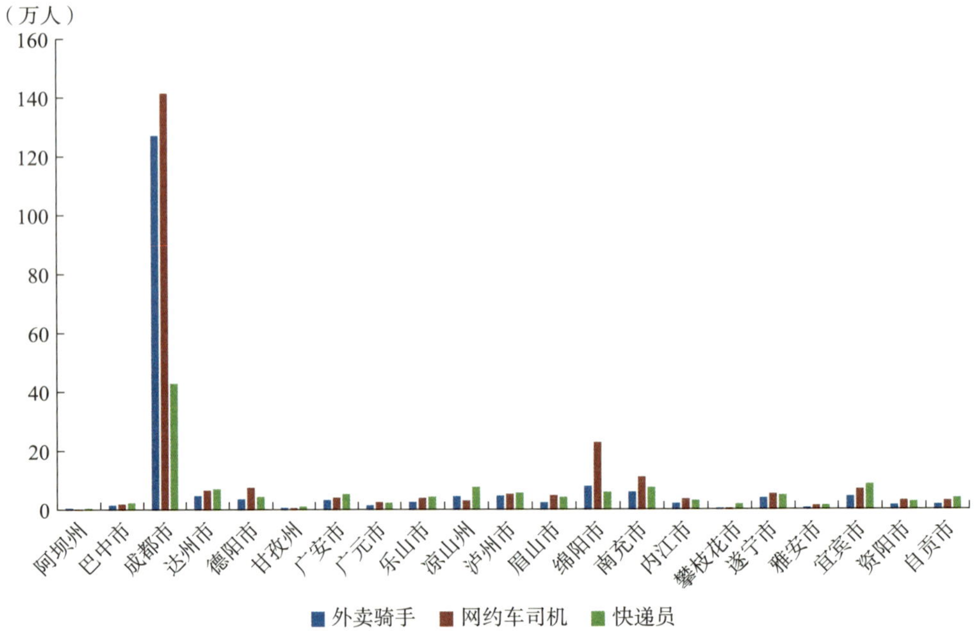

图2-5-6 2022年11月至2023年12月四川省各地市三类新业态就业情况

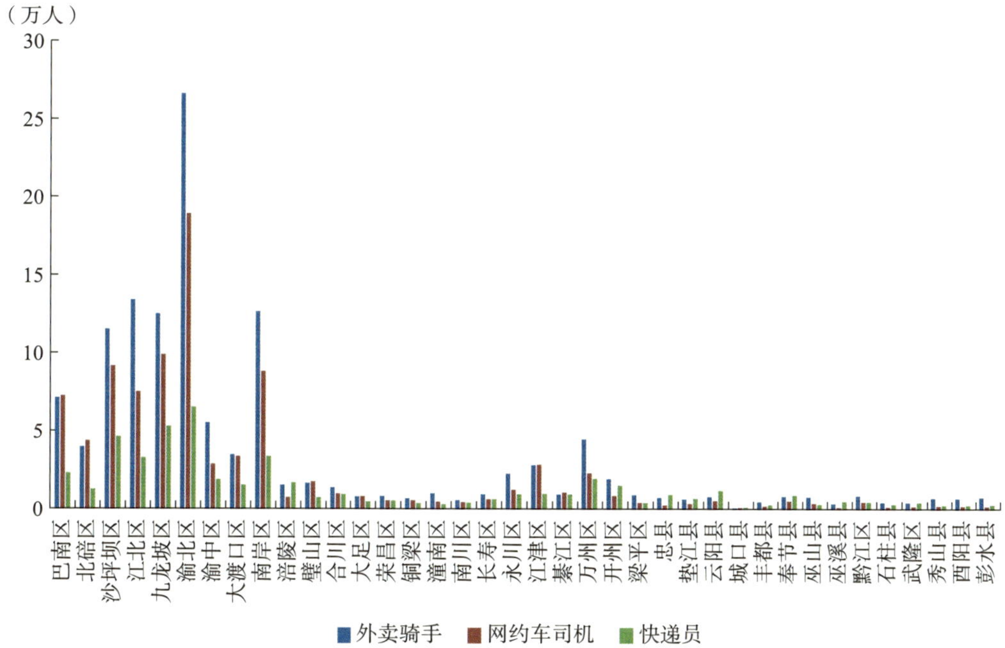

图 2-5-7　2022 年 11 月至 2023 年 12 月重庆市各区县三类新业态就业情况